DISC

性格交際學

你的個性是無尾熊、孔雀、貓頭鷹，還是老虎？
順應人設、發揮才能，成為無往不利的社交之王！

李海峰，彭潔 著

溝通，不是有溝就能通！
不重視人的取向、個性，就算有溝，也只是代溝！

同事愛作對、上司不肯接受提議、部屬一意孤行……以上情形，你是否全部都中？事實上，這些情況有 80% 都是「溝通不良」惹的禍。想要正確使用說話技巧、表達方式，就得先理解對方的個性。

序

這本書以 DISC 理論為基礎講述了人類的四種特質，對於我來說，是真正的第一本書。

出版後，多次再版，現在還是不斷有學員問我哪裡可以買到。

書中有很多精彩的例子，雖然我現在授課已經不用了，但是翻閱這些例子時一度讓我有更新講法的衝動。很多時候，我自己因為不想一遍一遍重複舊的例子，以至於把這些經典的例子都遺忘了，非常可惜。

而且，我希望用更多全新的東西來充實新書，以對得起那些以前買過這本書的讀者。但自己「砍」自己的東西還是下不了手，同時，硬塞新的東西又覺得牽強，幾次動手，卻又中途作罷。

希望購買本書的讀者，會和我一樣喜歡這本我和彭潔共同合作的書。

李海峰

吃下的每一口，都會成為身上的肉

海峰先生是我的人生導師，是我所見過最善良正直的人。我不時會想起他講過的三句話，激勵自己前行。

第一句是我剛剛從無數人夢寐以求的高薪公司裡「掙脫」出來時（至今仍有人問我是否後悔過），他說：「鐵飯碗的意思不是一碗飯吃一輩子，而是去哪裡都有飯可以吃。」

第二句是我嘗試獨力授課時，他說：「每一個詞，每一個字都不能錯，否則妳就會失去一個講師該有的氣場和責任心。」

第三句可能是他曾講過最嚴厲的話，他說：「彭潔，妳自己想想，這幾年有什麼拿得出手的成績，人生應該往哪個方向走。」

寫下這三句話，仔細想想，正好可以對應海峰先生近期出的三本書，是三種不同的角度。

第一本是十點課堂的講義，裡面講的理論有大量提升邁場技能的工具和方法，它的目的是給讀者「鐵飯碗」。

第二本是 DISC 理論創始人，威廉・莫爾頓・馬斯頓（William Moulton Marston）博士的《常人之情緒》（Emotions of Normal people）翻譯版。它是非常嚴謹的理論原著，裡面有大量心理學、病理學專業術語，就像海峰先生的第二句話——「一個字都不能錯」。

　　第三本是這本書，本書其實凝聚了海峰先生多年的人生經歷。書裡一再強調，重要的不是掌握多少門理論，而是自身認知框架的不斷升級和持續改善，以及人際敏感度的提升。這也是我們在新時代跑贏機器人的關鍵，就像海峰先生的第三句話——自己的人生方向。

　　有人覺得奇怪的是，三個小時就能弄明白的 DISC，為什麼要花費八年，寫下這麼多書。這就像畫一幅畫只需要幾個月，但是創作和駕馭的能力卻要持續磨練八年。

　　DISC 可以只是工具，但深入學習後，可以是認知世界的方法，乃至於處世的哲學。八年前，海峰先生介紹我去一位講師那裡學習，那時這位講師還沒有像現在這麼搶手，他有意無意地把性格分類學詮釋為一種「道」，坦白說我並不認同。它有深淺，但不會是「玄學」。

　　從知道到掌握，再到可以熟練地把一門理論根據不同受眾的理解程度，詮釋到恰如其分的深度、滿足需求，是的，用了整整八年。

　　事實上，理論也跟隨著時代變革在持續地發展。現在的詮釋相比於八年前早已「面目全非」。同樣要注意的，是用詞的「新潮」和典雅之間的把握。海峰先生時刻強調，本書給讀者的感受要活潑有趣，但同時又不斷提醒本書要嚴謹規範，力求成為能經得起推敲的經典著作——活躍度越高的用詞，越容易「過時」，尤其是網路用語。如果有一天，您閱讀時覺得裡面有些說法有點「過時」，也請諒解我們已經努

力追趕潮流。

　　本書也特別邀請美術設計團隊對書中的漫畫進行全新的創作，在此致上謝意。

　　讀書很重要，歷練也很重要。看過的書，闖蕩過的風雨，都會沉澱到思想中，沉澱到我們的認知框架中。就像吃下的每一口，都會成為身上的肉。

　　嗯，不說了，我要去健身減肥了。再見！

彭　潔

目錄

目錄

第三章
你也在這裡？
看影視劇學溝通

第四章

聚沙成塔的力量：
古今團隊案例分析

目錄

第一章

我為何看不懂你：
因為我們來自不同世界

困惑：你可以，我也可以？

我行，可你真的行嗎？

要認知世界，先要認知人。

因為現在我們身邊的世界大多由「人」打造，當然不久的將來可能會變成機器人。

你們人類沒有我快，沒有我強，怎麼打得過我？

對啊，可我只需要會拔插頭就好。

機器人暫時無法取代人類的根本原因在於：

1. 人類對世界的認知框架正在不斷地自動升級，這種升級是基於想像力的，機器無法模擬。
2. 人類具有敏感的體驗，心靈的顫動無法用語言和邏輯去描述，人與人之間的溝通交流是溫暖的。

這就意味著我們必須鍛鍊自己的敏感度，才能保持人類的先進；我們越冰冷越機械，就越容易被取代。

那麼認知人、提升對人的敏感度，應該如何著手呢？

在讀懂他人之前，我們可以先來看看自己是什麼樣的！

就像千萬種顏色其實是由紅、黃、藍三原色調配而成的一樣，我們千奇百怪的性格，其實只由指揮者 D、社交者 I、支持者 S 和思考者 C 四種性格元素構成。

它們住在我們的心裡，會呈現出不同的樣子：

有時候它們是粗暴強硬的指揮者 D、衝動善變的社交者 I、委婉怕事的支持者 S 和嚴肅苛求的思考者 C；

有時候它們是堅決果斷的指揮者 D、重情浪漫的社交者 I、包容奉獻的支持者 S 和聰明謹慎的思考者 C。

它們在我們生活裡，是如何發揮作用的呢？

指揮者 D

傳說中的暴君

月亮是我的！

　　我們每個人都有強硬的一面，都有脾氣上來的時候，任何時候都可能會爆發，那時我們會非常堅決地直接提要求——「一定要」、「必須」，尤其在那些愛我們的人或反抗我們的人面前。這時候我們很可能傷到他們，但我們並未察覺。

講話直接，只要結果

有話快說，
別囉囉嗦嗦！

有時候我們很不耐煩，覺得對方在拐彎抹角，好想吼一句：「有話快說，別拐彎抹角！」

在這個時間就是金錢的現代社會，指揮者 D 說話的分量也就越來越重。在職場中，指揮者 D 的對事不對人，有時候能幫到我們，但很多時候卻會害了我們。

希望掌控全局，害怕被利用

順我者昌，
逆我者亡！

掌控宇宙

當 D 決定要行動時，會有「順我者昌，逆我者亡」的氣勢！

D 型人的代表

盛大網路陳天橋在會議上經常說的話是：「誰反對誰滾蛋！」

格力董明珠說：「我永遠是對的！」、「領導者不需要情緒管理。」

社交者 I

傳說中的「大俠」

這女孩比剛才那個好看，可以救！

啊，臭流氓！

你不覺得樓上那個更像流氓嗎？

　　我們都有豪情萬丈的時候。路見不平，拔刀相助的英雄可不一定都是為了救美，作祟的也不僅僅是雄性荷爾蒙。喜歡站出來說話，是因為勇氣、人性的大愛，以及……對啦，我們不得不承認，還有小小的莽撞、浪漫和虛榮。

擁有肥皂劇一樣的人生

親愛的，你別走！

因為熱愛生活，我們可能會寧願活在想像中——你不是愛到可以為我去死嗎？只要我也可以愛到為你去死，我們的愛情就可歌可泣。社交者Ⅰ製造愛情傳奇的驚人想像力，永世流傳，這功力絕不是子虛烏有。

我們心裡的社交者Ⅰ清楚：愛上的並不是這個人，愛上的只是自己的想像。

希望做個「萬人迷」，獲得大家的認同

萬人迷

鹿晗！

有時候我們害怕上臺，但有時候也害怕會被人遺忘。任何人都希望得到社會的認可，希望在同學聚會中被大家瞧得起。雖然別人的看法絲毫影響不了我們的實際生活，但社交者 I 卻認為：最好隨時都在閃光燈下，與眾不同。

I 型人的代表

　　阿里巴巴的馬雲，不僅語出驚人，更曾以龐克造型出席公司年會，並表演節目。

支持者 S

傳說中的「大長今」

賢妻大長今！

　　像《大長今》女主角那樣吃苦耐勞、先人後己，是亞洲女性獨有的賢良淑德。

　　沉默是金,在真相未明之前,圍觀或假裝打醬油路過,應該是支持者 S 給我們的好建議。只是過於小心,會讓那些向你敞開心扉的人或唯恐天下不亂的搗亂分子覺得很無趣。

喜歡說:隨便啦,都可以!

親愛的,我們迷路了,以後只能吃牛糞了!

吃什麼都好!

　　和朋友到外面吃飯,最經常點的一道菜就是「隨便」。也許我們原本有偏好,只是因為希望大家都滿意,做不了決定,所以心裡的支持者 S 脫口而出:「隨便啦,都可以!」

　　當然,這也是因為支持者 S 真的覺得人生何處不「杯具」(悲劇),忍耐才是王道。

羨慕穩如泰山的生活

安穩,當隻貓挺好的,吃睡吃睡吃⋯⋯

一動不如一靜，支持者 S 在我們心中主導「安穩」這種需求。穩定性和歸屬感是支持者 S 經常掛在嘴邊的話題之一，也是人類主動規避風險和獲得生存空間的原始本能。

S 型人的代表

騰訊的馬化騰，始終堅持「老二策略」，連稍有創新意識的 QQ 秀當年都險些被他扔進了垃圾桶，要知道，QQ 秀後來一度是騰訊的盈利大專案。

思考者 C

傳說中的「專家」

我們尊重那些嚴謹的學者，因為他們「專業」。一個人的存在感，多少會和他在某領域的專業度掛鉤，比如打《王者榮

耀》成為「王者」，也能因為「專業」而獲得尊重。但對 C 而言，鑽研「專業」，只是為了把事情做得更好。

無規矩不成方圓──世界是由程式組成的

秩序由資深幹部 C 一手掌握！

偶爾，我們會認真地思考這個世界的真相是什麼，真理是什麼。心裡的 C 讓我們深信也許這個世界就是由電腦程式組成的，就像《駭客任務》一般，不符合邏輯的東西就是不合理，這就是我們所謂的**科學精神**。

追求完美，害怕批評，自己卻喜歡在雞蛋裡挑骨頭

專業畫家

　　每個人在某些事情上都有自己的標準。對別人要求高，對自己要求更高。雞蛋裡挑骨頭的苛刻，大部分的人有時候也會這樣。畫家之於繪畫，音樂家之於曲調，美食家之於餐點……沒有高要求，又哪來進步呢？做一件事情的心意和努力固然值得肯定，但只有品質過關，才經得起考驗。

C 型人的代表

　　海爾的張瑞敏，以追求品質而著稱。海爾當年砸了 76 臺冰箱的企業故事，一直流傳至今；而他本人，也將這種嚴謹和標準化的企業精神貫徹到了海爾集團的每個角落。

女王 D
段子手 I
賢妻 S
資深幹部 C

　　或許你已經留意到，我對 DISC（一種用來定義人類主要性格類別的行為學理論）四個元素分別加了一個「人物設定」，簡稱「人設」。

　　另一個詞也很流行，那就是「人設崩塌」，假如我們自己的內心不夠強大，自身不夠優秀，硬是扮演出來的形象，就會搖搖欲墜，經不起考驗。

　　所以，我們要不斷搭建和充實我們的認知框架，一起加油！

人設是為了達到戲劇化效果，將人進行的扁平化處理。最早扁平化處理人物形象的既不是日本的漫畫，也不是娛樂圈的明星們，而是英國著名的文學家狄更斯（他的多部作品現在仍然被翻拍為影視劇，例如《孤雛淚》、《雙城記》、《遠大前程》等）。他把筆下的人物只突顯一個性格元素來達到戲劇化的效果。可是，也有文學評論家質疑這些人物不真實，認為狄更斯的文學地位比不上雨果和巴爾札克。

　　其實，我們都由四種性格元素組成，比例也都不一樣，每個人都是立體的，不是一個簡單的人設。

狄更斯：我筆下的人物只有一個面，永遠不會變化，足夠戲劇化。

雨果：我筆下的人物有好多面，甚至充滿矛盾和掙扎，這才是真實的人。

　　這個繽紛的世界是由不同性格的人組成的，並不是說這個世界上只有四種性格的人。每一個人身上都有 DISC 的四種元素，但所占的比例各不相同，就像三原色組成了色彩繽紛的世界，四種性格元素也組成了性格各異的個體。有時候精明，有時候糊塗，有時候熱情，有時候冷漠。主導元素讓我們擁有個性，輔助元素又讓我們更靈活和具有活力。D 的高效率、I 的激情、S 的寬容和 C 的精細，讓我們的生活更豐富、有趣。

場景 1

　　在餐廳吃飯時，如果發現菜裡有隻烏黑亮麗的大蒼蠅，你會有什麼反應呢？

這是什麼東西？

啲啲啲，大家快來看！
我點了一道菜，有隻蒼蠅來使壞；
這餐廳很失敗，他們卻說很可愛；
讓他們經理出來，居然說他不在。
啲啲啲！你說奇怪不奇怪！

我才不要免費加菜！
還是換一家吧！

根據《消費者保護法》……

　　對於飯菜裡吃出蒼蠅，不同人的反應是不一樣的，即使是同一個人，不同的時間、地點和心情，也會有不一樣的反應：有時候會息事寧人，多一事不如少一事；有時候會大吵大鬧，讓圍觀群眾幫自己站臺；有時候會一心想著在已經受損失的情況下將利益最大化，並且利用道德和法律為自己找回公道；有時候會在狂怒中把餐廳老闆揪出來，掀桌子洩憤之餘，還要要求餐廳負起責任。

　　有趣的是，在不同的城市，我們的反應也會有變化。整個城市的環境風氣，這個地方人與人之間的互動習慣，會潛移默化地影響著我們的行為。具體來說，即使同樣是在飯桌上發現了蒼蠅，我們的反應有時候會取決於我們有沒有喝酒、和誰喝、喝多喝少等等，而這些又取決於這個城市以及和你吃飯的人的社交習慣。

有句俗語說「見人說人話，見鬼說鬼話」，意思是做人要靈活。即使處理類似的情景，我們也不能永遠只用一種方法。

小提示：如果預測一個人的行為，僅僅是著眼於這個人本身，那麼準確率必然會受到影響。這也是為什麼我們強調在管理上建立體系比關注個體更重要。

場景 2

邀請伴侶陪自己去看《阿凡達》。

最後兩張票，便宜出售！

輕點……

我要去看《阿凡達》！

太好了！
去看《阿凡達》囉！

真的不可以
去看嗎？

《阿凡達》的歷史
背景是……

指揮者 D 會直接地提出自己的要求，而且不會留下任何讓你提出異議的機會。無論他有沒有說出「必須」這兩個字，你知道這是「永遠」的潛臺詞。

社交者 I 很擅長描繪，他那生動（甚至是言過其實）的描繪能夠令你身臨其境，從而為可能的選擇心動不已。此外，他還會強調電影有多流行，向你施加群眾壓力（因為他自己很重視這一因素）。如果遭到拒絕，他還會用撒嬌的方式來表達自己的堅持，讓你心軟。

支持者 S 總是把自己的願望變成問句表達出來，因為他害怕強迫別人。一旦別人拒絕，他也不會堅持，只會默默地在角落哭泣。

思考者 C 提出要求時會充分闡明這個要求的合理性，而且喜歡用數據、對比以及專業權威來打動你。有理有據的說詞本身就能讓他很有成就感！

溝通有的時候像買賣：我們每天都在接受別人的觀點，這是買；我們每天都在向別人表達自己的觀點，這是賣。我們可以看到，不同的人在賣自己觀點的時候，都有著既定的習慣——也就是風格。有人買帳，有人不買帳，有時候是否成功真的就是看運氣如何。但對待那些你一定要「銷售」成功的對象——比如自己的老闆，在你匯報自己的工作計畫之前，最好先想想他最喜歡哪種匯報方式，以便讓自己的工作更有效率。

我們心裡住了四個人

他們是指揮者 D、社交者 I、支持者 S 和思考者 C。
就以老張的一天為例。

一早和太太吻別去上班，社交者 I 讓他別忘記給太太一個飛吻。

剛進公司就被老闆叫去罵，支持者 S 囑咐他一定要虛心＋耐心＋貼心。

出了老闆辦公室，馬上找自己下屬重新修改報告。

此時，指揮者 D 跳出來——老虎不發威，當我是病貓！

下班後，順便買菜回家。思考者 C 開始精打細算，讓老張瞬間精明起來。

同樣的價錢，左邊的多了幾粒和一片葉子，就買這個吧！

99 元　　　99 元

大部分人會根據不同場景去調用自己的性格元素，在對待愛人、上司、下屬和客戶時，多少都會有些不同。同時，不同的人在面對同一個情況的時候，可能會展現不同的特質。

有時候拿不適當的特質去應對，會產生一些矛盾。比如在公司做慣了老闆，回到家裡依舊把自己當老闆，把親人當員工。但別忘了，你可以「炒」掉員工，卻不能輕易「炒」掉家人。

　　沒有自我調整的意識，就極有可能會失去家庭和事業的平衡。

　　還有些人，上了戰場卻拋不下自己的 S 特質，這往往會延誤時機。

每個人都在不斷切換成不同角色

　　現在，我們可以先思考以下問題：

1. 我是否對待敵人像春天般溫暖，對待親人像冬天般寒冷？
2. 我是否把多餘的工作習慣帶回了家裡，用處理工作的方式去處理家庭事務？

在工作中，我們首先要追求結果好，其次才是感覺好；
在生活中，我們首先要追求感覺好，其次才是結果好。

儘管無論在哪裡，我們心裡的四種聲音都可能會同時發揮作用，但普遍來說，在工作中，我們看重事情，追求結果，用指揮者 D 和思考者 C 的意見更有效率一點；在生活中，我們注重人性，追求感覺，用社交者 I 和支持者 S 的意見似乎更恰當一點。

雖然每個人心裡都住著這四個人，但他們的占比卻並非均等：有些人習慣用指揮者 D 多一點，有些人覺得支持者 S 更理想一點，有些人天生就忽視思考者 C 的存在，有些人的社交者 I 被多年的專業訓練打壓得體無完膚。

正因為每個人心裡四種元素的占比並不均等，也就形成了人與人之間的差異。每個人都有自己的性格特點，發揮得好，便成為優勢；發揮失當，便會搞砸事情。這就是我們所說的「過猶不及」。

我們一生中最重要的功課是：
想通自己，看懂別人！

想通自己，
看懂別人！

激情是社交者 I 的長項，踏實是支持者 S 的特徵，抓住機遇是指揮者 D 的能力，智慧是思考者 C 的主軸。

我們要學習適當使用每一個性格元素，並且透過對性格的掌握、調試，看懂別人，以借助他人的力量完成每一件事。堅持下去，我們終將看到成功的曙光。

第二章
借我一雙慧眼：
DISC理論介紹

All roads lead to Rome
條條大路通羅馬

我們必須了解我們的「起點」與「終點」，才不會為了去試每一條路而虛度年華。

雖說條條大路通羅馬，但我們卻不清楚哪條才最適合自己。

從本章開始，我們將會有系統地學習 DISC 這項工具，幫助大家更清晰地認識自我以及了解他人。

每個人心裡都住了指揮者 D、社交者 I、支持者 S、思考者 C 這四個角色，他們會根據我們面臨的不同場景跳出來指揮我們的反應，但並不代表這四個人的比重在每個人的心裡都是一樣的。正因為有著比重的差異，才造成了我們千奇百怪的性格。既有共同點又有差異的人類行為，以及各種各樣的互動，構成了我們多采多姿的世界。經過我們的努力，我們會因為共

通點成為夥伴，因為差異而得到力量。

　　每個人身上都有 DISC 的四種行為風格，只是這四種行為風格在每個人身上有著不同的比重，就像世間的顏色千變萬化，回歸到原初則只有三原色——紅、黃、藍。

　　現在你大概已經知道 DISC 這四個字母意味著什麼了，但是你真的了解它們嗎？你知道它們的起源可以追溯到兩千多年前的古希臘嗎？你知道 DISC 理論的創立者同時也創造了「神力女超人」嗎？你知道它們還有七十二種變化嗎？

DISC 歷史介紹

　　人類對性格的四元素假說源自古希臘的著名醫學家、哲學家希波克拉底。他「異想天開」地提出人的體液跟性格有關係，他認為複雜的人體是由血液、黏液、黃膽、黑膽這四種體液組成的。

　　四種體液在人體內的比例不同，形塑了人的不同氣質：

性情急躁、動作迅猛；

性情活躍、動作靈敏；

性情沉靜、動作遲緩；

性情脆弱、動作遲鈍。

　　這　學說被早期的學院教學系統所採用，應用到「因材施教」方法論中，至今仍在世界各地流傳。

我們的體液固然有先天的差異，但在後天成長過程中，我們受到火、風、水、土等元素的影響，性格也會有相應的變化。

膽汁質　　多血質　　黏液質　　憂鬱質

不同的體液產生不同的情緒

可是，當我們見到一個人，如果想了解他、想跟他合作，總不能跟人家說：請你躺下來，讓我剖開你，我想看看你的哪種體液比較多。

來來來，讓我看看你哪種體液比較多！

希波克拉底

到了 19 世紀，佛洛伊德、榮格等心理學家從「心理分析」著手，開始專注於人類異常的心理活動。他們的理論被

廣泛應用於犯罪心理學、變態心理學等領域，甚至有一對美國母女基於榮格的理論，設計出一套複雜的性格系統——用於挑選配偶。

其實大家做了這麼多努力，無非是認知到人與人之間存在著差異，想歸納一套放諸四海皆準的規則來評估並管理人的行為。

早期的心理學一直和醫學糾纏不清，直到 20 世紀初，美國的馬斯頓在《常人的情緒》書中，才把心理學和神經學、生理學區分開來，並且第一次試圖將心理學應用到一般人身上，而不只是單純的理論假設。

馬斯頓最為人熟知的成就可能就是他發明了「測謊儀」。

他致力於推廣 DISC，以證明他對於人類動機的想法。他在 DISC 的速寫問卷中設計了 24 個項目，能夠快速地分類不同的行為形態，並加以分析比較。

DISC 現在已經成為了全世界使用最廣泛的分類系統之一。

10 年前我介紹馬斯頓教授的時候，總會提到他發明了「測謊儀」，可是斗轉星移，現在我介紹他時，都會說他是「神力女超人」的創造者。2017 年曾出了一部電影專門介紹他，裡面也提到了 DISC，這部電影叫作《神力女超人的秘密》。

你看，即使是對於已經去世很多年的馬斯頓教授來說，人們對他的認知也在不斷地變化。他這幾年爆紅，是因為在《蝙蝠俠對超人：正義曙光》這部電影裡，人們發現超人居然有個同伴——神力女超人，不僅人美、價值觀正確，戰力還不弱，大受觀眾歡迎。於是製作方打鐵趁熱又出了一部電影《神力女超人》，票房不俗。

神力女超人這個人物之所以容易使觀眾有所觸動，是因為她不同於其他正義英雄人物，馬斯頓在設定這個角色時就融

入了各種行為元素和時代因素，使她擁有一個立體的女英雄形象。

每個人都有行為傾向

　　八卦完馬斯頓教授和神力女超人，讓我們回到 DISC 理論本身，先從基礎開始。

　　有人問關羽：你睡覺的時候，鬍子是放被子外面，還是放被子裡面？結果關羽為了要搞清楚這個問題，輾轉反側一整個晚上都沒有睡著。

　　A 問 B：「你吃饅頭是先咬一口饅頭，然後配一口菜，還是先吃口菜，再配一口饅頭？」

　　B 一愣，陷入沉思——活了幾十年的自己，竟然差點忘記怎麼吃了！

　　我們對每天發生的事情習以為常，往往也就缺乏了敏銳度，更談不上有效管理了。

　　我們每天起床後，是哪隻腳先著地的呢？突然一被問起，十有八九都無法回答。

　　性格真實存在，並且通常以「下意識」影響我們。

　　一個人 90% 以上的行為是下意識的。

　　當朋友透過手機打電話或者發訊息向我們問路時，我們在告訴他怎麼走之前，要先反問他在哪裡，所以我們說：「了解自己是發展自己的基礎。」

我在黑板上畫下兩個圈，問大家是什麼，有的說是圓，有的說是零，有的說是雞蛋，有的說是饅頭。

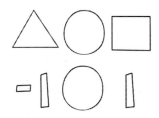

前面畫一個三角形，後面畫一個正方形，中間自然就是圓。如果前面寫一個「-1」，後面寫一個「1」，中間自然就是零。

　　其實這個圓圈到底是什麼，取決於它前後放什麼。我們看待世界也是一樣，男女之別，老少之別，好壞之別，對錯之別，往往都是從對比與標準中得來。標準建立，分類完成，事物自然而然就容易描述了。

　　學者們在研究人類性格認知上，採用了以座標軸分類的方式。

　　建立一個座標軸，用來界定不同的人群，然後繼續將更多的維度加入座標軸，把人群細分為 16 種、25 種，甚至更多。怎麼分並不重要，重要的是我們怎麼在分類的基礎上去認知和應用，得到自己想要的結果。

如何認知人類行為

　　我們假設自己是非洲大草原的一個原始人，面對現在一個未知的世界，腦海裡浮現出兩個基本認知的問題需要進行即時判斷：

　　這是友好的，還是敵對的？

　　這是強大的，還是弱小的？

　　第一個判斷，決定了我們接下來的態度——是進入防衛狀態，還是保持放鬆狀態。

　　第二個判斷，決定了我們接下來的行動——是主動出擊，還是被動適應。

他是什麼？

那是什麼玩意？

尷尬

牠餓嗎？

牠跑得快嗎？

　　接下來，我們從非洲大草原轉身走進一個五星級的宴會中，我們西裝革履拿著酒杯，一個中年人正在向我們走來。我們不動聲色，心中卻在默默判斷：他是誰？他想幹嘛？我應該要表現得熱情一點還是保持距離？

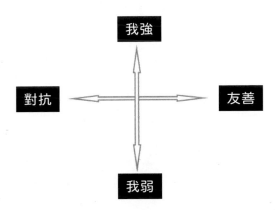

　　場景可能有百萬種變化，環境因素可能是錯綜複雜的，然而人類的行為模式卻還是可以回歸到上述兩個基礎的判斷上。這組成了最基礎的座標軸。

　　下面的座標軸，就是以「速度」、「人—事」為縱、橫座標。

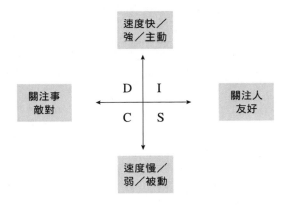

D：帝，是皇帝的帝。英文的本義是支配（dominance），代表著直接、控制與獨斷，在團隊中扮演的是一個「指揮者」。

I：愛，是愛情的愛。英文的本義為影響（influence），代表著爽朗、友善、外向、激情與熱情。他扮演的角色是一個「社交者」。

S：士，是士兵的士。英文的本義是穩健（steadiness），代表著謹慎、穩定、耐心、忠誠與同情心。他是一個「支持者」。

C：思，是思慮的思。英文的本義是服從（compliance），服從代表著組織、細節、事實與準確，這一切是思考的結果。他是一個「思考者」。

當我們更加了解「人」之後，就可以有意識地加以「預測」和「管理」。在此之前，掌握兩個大原則非常重要：第一是配合他人，完成團體；第二是從他人角度出發。

配合他人，完成團體

我為大學及中小學的校長授課時，問他們：「如果有班導師跑來向你匯報說，班裡有兩個學生打架，你第一個問題會問什麼？」

有的校長會問：「有沒有人受傷？」

有的校長會問：「為什麼打架？」

校長！三年二班打起來了！

校長！三年二班打起來了！

　　前者關注的是人，後者關注的是事。兩種行為沒有好壞或對錯之分，只是在團隊中有著不一樣的作用。

整個管理階層，如果全部都是以人為主，那學校的任何制度都沒有辦法實行。因為管理者在執行任何制度的時候都要考慮成員的接受度。在企業中也是一樣，有些事大家可以理解但不一定能夠接受。

舉例：遇上金融風暴，企業為了壓縮成本共渡難關，只有兩個選擇——裁員和縮減薪水。人事部經理力挽狂瀾，終於讓老闆同意不裁員，並且把縮減薪水的幅度調到最小。

這時，你猜員工會不會感激人事部經理呢？很抱歉，大部分員工首先想的是：為什麼要扣我的薪水？

我也知道減薪是為了共度難關，但抱歉我心裡不能接受。

做事情如果只著眼於人的感受，而不考慮事情本身，就可能會怕東怕西，無法決斷。

員工在抱怨老闆「不近人情」之前，不妨換一個角度想想，是被減薪好，還是被裁掉好。

如果所有人都只關注事情也不行。

發給每個人一雙鞋，有人報告老師說鞋子太小了穿不下，老師回答說：「把鞋頭剪掉，這麼就能穿得下了。」因為他只要解決事情就可以了，完全不考慮人是否能接受用那種方法來解決事情。

露腳趾！

人的性格有關注事和關注人的分別。

我們發現，單純關注人或單純關注事的團隊都會有缺陷。一個團隊需要多元化的存在，彼此溝通意見、相互配合，才能勝任不同的任務。更多詳情請留意第五章講的團隊的力量。

正因為人與人有區別，所以彼此才需要配合。DISC 也是一樣，當我們某部分比較強，其他人正好比較弱時，我們可以和他們組成一個團隊。但首先我們要有意識且懂得認知方法，知道哪裡不一樣，在配合的基礎上進行互動。配合和互動，都可以制度化。

從他人角度出發

奶奶喜歡用「肥美」的紅燒肉來招待我。

出外打拚的我回到老家，奶奶總是認為我在外面吃不好，喜歡用肥美的紅燒肉來招待我。我只能一邊含淚吞下愛心肥肉，一邊為自己在「三高」邊緣徘徊的身體暗暗肉痛。

儘管接收了來自奶奶濃濃的關愛，我卻完全無法消化。對別人好，對方卻不一定認為是真的好，所以我們要嘗試著以對方視角為出發點想問題，這樣才能達到真正的和諧。

你漸漸發現，在你管理之下工作了三年的老張已經跟不上你的腳步。這時，你需要和他進行一次關於績效的面談，讓彼此都再做一次選擇。說得直接一點，如果談不攏，你可能就會讓他離開。這時你會採取哪種方式去跟他談呢？

① 直截了當

老闆生氣

老張，你怎麼回事？有心跟我做就快步跟上，不然就滾蛋！

②間接婉轉

老闆支支吾吾

老張，最近孩子學習狀況怎樣啊……你媽那風濕病好不少了吧……我記得你來應徵的時候，穿著白襯衫，意氣風發，一起打拼也這麼多年了……最近是不是家裡有什麼事……

重點不是你習慣和想用什麼方式，而是要看對方接受哪種方式。

如果老張是一個木訥的人，你採取直截了當的方式，可能會使對方把注意力集中在對你態度的反抗情緒當中，而完全考慮不到事情本身的對錯。

老張如果木訥保守

老大，跟你這麼久，沒有功勞也有苦勞，你用得著這麼急功近利、唯利是圖、過河拆橋，傷我的心嗎？

如果老張是乾脆俐落的性格，你兜兜轉轉，他可能會失去客觀分析問題的耐心，火氣一上來，就很難保持理智。

老張如果性格剛烈

老大，跟你這麼久，你還不知道我老張嗎？殺人不過頭點地，你用得著這麼拖拖拉拉，吞吞吐吐地來凌遲我嗎？

通用的獎懲制度有以下兩種：

第一種，當對方沒有達到你的要求時，不給任何反應，做得不好就假裝忽略——因為任何反應的本身都會影響對方的表現；

第二種，做得好就獎賞，做不好就懲罰。

有些人適合第一種，有些人適合第二種。

有一位上市公司的人力資源總監，他對孩子用的是第一種方法，非常有效。他有個堅定的理念：父母能從孩子身上獲得教育，因為孩子的反應是毫不修飾的，更接近人的本性。於是

他喜歡把對孩子的方法用到員工身上。

他有個員工是個社交者 I，做事有點敷衍了事。他決定用第一種方法來懲戒他——把他晾在一邊。當時我提醒他：「這可能並不適用，對於一名社交者 I 而言，他需要溝通、肯定和鼓勵。」他的回應是：「誰不喜歡被讚美呢？但我要激發他的內在動力。」

沒多久社交者 I 就憤然辭職，並向公司狠狠地告了他一狀。公司本來就不認同他那一套缺乏實效、跟不上公司發展的理念，經此一事就順勢將他「打入冷宮」。他最後也只能辭職，另謀出路。

我在大學裡講課的時候，喜歡閒聊。

大學生活中最浪漫的事情便是談戀愛。我問在場的男孩：你們追女孩是喜歡用直接奔放的方式，還是喜歡用間接委婉的方式？

然後我又問在場的女孩：被追求的話，妳們比較容易接受哪種方式？

不出所料的是，我總是能找到肩並肩坐在一起的情侶給出不一樣的答案，而他們曾經經歷的往往是十分曲折的追求過程。

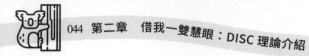

安紅，我愛你！
安紅，我想你想到想睡覺！

還好不是熱水……

這有你的一封信

這寫的是什麼？

　　即使是最傾心的那一刻，甚至愛到生死相許，很多人卻依舊沒有意識到要從對方能夠接受的方式和角度去想問題。

　　將人群進行分類，並不是要在人身上貼標籤，而是為了幫助我們在管理和處理事情的過程中，更系統化地考慮人的因素和可能產生的變數，因而更能有效地進行預測和控制。

　　掌握了「配合別人，完成團體」和「從他人角度出發」兩大原則之後，下面我們將進入 DISC 理論體系的學習。

步調快、果斷、直接、外向

Dominance	Influence
D 支配型/指揮者 ●發號施令者 ●獨立果斷 ●自尊心較強 ●創新多變 面對壓力時可能會： 　　沒耐心、發脾氣 希望別人：回答直接 害怕：被利用	**I 影響型/社交者** ●口才佳/擅長交際 ●追求互動 ●活潑且樂觀 ●散發熱情 面對壓力時可能會： 　　輕率、情緒化 希望別人：給予聲望 害怕：被排斥
Compliance	**Steadiness**
C 分析型/思考者 ●擅長分析/重思考 ●以程序為主 ●注重細節 ●高標準、完美主義者 面對壓力時可能會： 　　憂慮、鑽牛角尖 希望別人：提供詳細資料 害怕：被批評	**S 穩定型/支持者** ●設身處地/擅長傾聽 ●以步驟為主 ●堅持信念，容易預測 面對壓力時可能會： 　　猶豫不決、唯命是從 希望別人：給予保證， 　　　　且盡量不改變 害怕：失去保障

獨立、以事為主、喜支配

講人情、以人為主、愛助人

步調慢、保守、間接、內向

Dominance 支配型（指揮者）

情緒：易怒　　　恐懼：被利用　　**目標：結果、控制**

作風：高 D——直接、有壓迫感、果斷
　　　中 D——好勝、有自信、不擺架子
　　　低 D——小心、溫和、謙虛

說明：

指揮者非常獨立，追求成功的動機極強，且經常要求別人聽命行事。他們的脾氣非常火爆，在某些情況下甚至具有侵略性。因為他們希望控制生活與工作，所以會努力爭取掌控他人的權力。他們喜歡挑戰。好勝心與企圖心讓他們鮮少從困難或危險中退縮，相反地，他們總會在逆境中努力達成目標。在追求成功的過程中，由於不信任他人，他們不會要求或預期週遭的人會伸出援手。如果情勢發展使得他們不得不借助外援，他們會直接發號施令，而不是請求合作。

工作時：

這種類型的人在工作中表現出果斷、反應快、擅於說話、尖銳的處理方式等特徵。因為以事為主，並要求一定要有具體的結果，所以他們厭惡猶豫不決、沒有效率的工作方式。因

為具有改革和創新的勇氣，所以他們也常常成為團體中的火車頭。

沒有耐性、不善於傾聽、主觀意識強是指揮者的通病，他們會下意識地敲桌子、搖椅子，這些都顯露出他們急躁的個性。

指揮者有目標、有眼光、有創意，更勇於實踐，能夠把對手遠遠拋在身後使得他們感到有成就感。他們征服欲望極強，相信事在人為，在他們的字典裡找不到「困難」二字，他們有很好的抗壓能力。他們不逃避、勇於面對，更重要的是，他們會將壓力分散給下屬。因指揮者的氣場太過強大，所以不容易維繫單純的人際關係，他們週遭都是生意上往來的夥伴。

要讓指揮者得到自我肯定，你無須過多讚賞他們的個人能力，但要多表示敬佩他們的影響力。

Influence 影響型（社交者）

情緒：樂觀　　恐懼：被排斥　　**目標：人際交往及認同**

作風：高 I——活力充沛、自我促銷、容易結交
　　　中 I——穩若泰山、有自信、深思熟慮
　　　低 I——自制、悲觀、退縮

說明：

社交者喜歡交朋友，容易接近，傾向於與他人實體見面並交談。他們天生容易信賴他人，非常喜歡認識朋友、讓週遭的人開心，這是不喜歡社交活動的人所無法理解的。他們希望與週遭的人有積極的互動，而友善的性格也常常使他們能夠輕鬆維持這種關係。但易於衝動、心直口快或偶爾無理的行為，使他們有時候會顯得過於情緒化。不過，熟練的社交技巧及天生的溝通能力，往往使他們在身陷困境後，總是能靠著能說會道，殺出重圍。

工作時：

社交者總是保持快節奏，並且活潑、喜歡憑著直覺做事。他們的行動和決定往往都是下意識的，他們無法完全顧及準確的事實和細節，有時還會刻意迴避，因為他們認為「這些事情會擾亂我」。他們不注重細節，所以不會去分析數據和資料。

社交愛好者具有即興、敏捷的思考能力，點子很多，說服力又強。他們有影響別人和改變環境的能力，善於透過團結眾人來獲得成功。

在工作中，他們希望別人勇於嘗試，行動敏捷；在社交場合中，他們毫無拘束、舉止大方。

社交者最不喜歡的事是乏味的工作，許多社交者傾向的人從事的是銷售、娛樂、公關、旅遊等有刺激性和能拋頭露面的工作。

社交者的優勢是有熱忱、有說服力、令人愉快、有社交能力；弱勢是喜歡參與過多的事務、缺乏耐心、注意力不持久、容易感到乏味。同時他們也過度依賴感覺行事，喜歡時他們會充滿熱情與活力，不喜歡時就像洩了氣的皮球，簡直判若二人。

　　想讓社交者得到自我肯定，要多當眾讚賞或拍拍他們的肩膀，給予他們與眾不同的評語。

Steadiness 穩定型（支持者）

情緒：平穩　恐懼：突然改變、失去保障　**目標：保障、穩定**

作風：高 S——有耐心、喜歡預測、綜觀全局、易於合作
　　　中 S——冷靜、步調快、動作快
　　　低 S——煞不了車、性急、即興、緊張

說明：
　　穩健型的人個性謙遜溫和，關心他人的問題及感受。他們不獨斷，善於扮演支持者的角色。在工作上能持之以恆，當其他人感到無聊且無法專注時，他們會以穩健的步伐繼續工作，

得到支持時的表現最好。他們會盡量避免對立與衝突，當爭端發生時，他們是很好的調解人。

　　他們不武斷、有耐心、忠實可靠。他們保守而敏感，為了迴避風險和未知的情況，決策與行動的速度都較為緩慢。

　　他們相當重視友誼，希望結交朋友，並建立親密、友好、信任的關係，所以樂意與人互相幫忙。當被逼迫或被攻擊性的行為所激怒時，他們會考慮：「這對我和我的團體會有什麼影響？」所以，他們是可靠、善於合作的工作者，也是優秀的團隊成員。

　　工作時：

　　在工作中，他們希望別人有禮貌，並承擔自己應該承擔的責任。在社交場合中，他們希望別人友好而真誠。他們不喜歡壓力，不喜歡急促的工作節奏；他們喜歡凡事先做好計畫，並期待大家都會按照計畫行事。

　　支持者的主要優勢在於擅長與人建立連繫，能夠關心與照顧他人，助人成功是他們終身奉行的價值；弱勢在於不夠果斷、過於敏感、容易受虐待，自信心與企圖心不夠強，這有時也會錯失自己因為其他才華而得到的機會。

　　支持者固然希望獲得稱讚的話語，但這種讚賞在私下表達會讓他們更有安全感。

Compliance 謹慎型 （思考者）

情緒：危機意識　　恐懼：被批評　　**目標：程序、事實**

作風：高 C──精準、盡忠職守、自制力強
　　　中 C──重視分析、逃避、固執
　　　低 C──武斷、反抗性強、不圓滑

說明：

思考者在性格中隱含著「控制」與「被動」兩股力量，這使得這種類型的人性格其實複雜許多。事實上，思考者可能是 DISC 四種類型中最複雜的。

思考者天生被動，只有在他人要求時才會發表意見，因此他們常被誤認為是缺乏企圖心的人。其實他們也如指揮者，希望能掌控環境，但不同的是，被動的性格使思考者希望透過架構與程序、規則來掌控環境，因此他們會堅守規則與明確的行為規範，呈現「以規則為導向」的行事風格。而這樣的規則或行為規範決不只限於企業的規則架構或既有程序，他們有自己的行為準則，且重視規則與傳統。他們厭惡壓力，遇到困難時多採取逃避的策略，在極度艱難的情況下，他們傾向於忽略問題或延遲行動，直到無法再躲為止。由於他們講求事實與細

節，這麼實事求是的精神使他們較為博學，也較傾向具備某種知識或技術，因此技術性或數據分析相關的工作較容易吸引他們，也能讓他們一展才華。

工作時：

思考者注重分析的過程，注意細節和程序，這常使他們過分地強調收集數據和資料。在做決定和採取行動時，他們顯得非常謹慎而遲緩，但絕不耽誤期限。他們是系統性解決問題的能手，卻不是果斷的決策者。

在工作中，思考者希望別人守信用、足夠專業。能吸引思考者的工作通常是會計、財務、工程、電腦程式、化學、物理、數學、法律、系統分析和建築等。

思考者的優勢是準確、可靠、獨立、持久、有條理；他們的弱勢在於做事緩慢、保守、高標準和過度小心。

讚美、鼓勵一個思考者，說清楚他被讚美的原因會讓他更有滿足感。

三國之 DISC

上文中，我們分別介紹了 DISC 的四種獨特個性和需求。但是在一個團隊中，這些 DISC 某一特質突出的人又是如何各

司其職，發揮自己的性格特質和才能的？

下面，我們將用大家熟悉的團隊來做一些小小的分析。

三國中的劉備團隊

你猜，他們分別是以哪些特質為主呢？

猛張飛是 D，他的工作主要是攻占某個城寨或軍隊，所以他常常能透過自己對目標的專注和行動力來為劉備做好開路先鋒。

衝啊！

張飛

美髯公關羽是 I，他的主要任務其實並不是攻城拔寨，而是扮演一個「戰神」偶像，這個角色是既帥氣、有能力又重情義的「全方位」英雄。他經常還要發揮自己的個人魅力和影響力，是萬千少男少女的偶像。他的存在，為劉備的團隊獲得了很多粉絲和輿論的支持。

關羽最重感情，看似風度翩翩，卻最易衝動。在華容道時，明知殺曹操事關大局，但他仍然放走曹操，把個人感情放在國家大事之前。

美髯公關羽

智囊諸葛亮是 C，他的職位是全盤管理和規劃，事無鉅細，所有事都要經過他的首肯，同時他的完美主義又迫使他「鞠躬盡瘁，死而後已」。

我掐指一算，今夜有東風！

諸葛亮

說到這裡，當然少不了「無為而治」的劉備。劉備的祕密武器又是什麼呢？

沒錯，劉備的祕密武器就是水汪汪的大眼睛和涉及屬下私生活的全方位無死角的關懷。

劉備

謀士徐庶的母親被曹操綁架，他只能去曹營。劉備依依不捨，親自送徐庶一程，讓徐庶大為感動，不僅舉薦諸葛亮，還承諾終生不為曹操獻一策。

　　S 型的領導劉備是協調高手，尤其是在個人能力很強的蜀國團隊裡，他用情感維繫著大家，並且讓每個人都能認知到自己在團隊中的價值，並為團隊奮鬥！

DISC 測試： 誰適合做領導者，誰適合做銷售員

　　現在我們來做兩個小小的測試，看看大家掌握到了什麼程度。

測試 1

DISC 四種性格類型，哪種最適合做團隊領導者呢？
答案是：不一定。

　　D 有拿破崙將軍，I 有柯林頓總統，S 有印度聖雄甘地，C 有世界首富比爾蓋茲。

拿破崙

柯林頓

比爾蓋茲

甘地

　　拿破崙將軍野心勃勃，他說：「不想當將軍的士兵不是好士兵！」

　　柯林頓總統風度翩翩，他認為：管理國家和風花雪月可以並行，吹薩克斯風的興趣使他成為美國史上最具個人魅力的總統之一。

　　聖雄甘地慈悲為懷，即使遭遇反對，也要堅持「非暴力不合作」的態度，用絕食的方式來抗議。

　　首富比爾蓋茲聰明絕頂，他用完美主義步步為營，建立起了龐大的微軟帝國，並且在最鼎盛的時候急流勇退。

　　每一種類型的人都有當好團隊領導者的潛力，但同時他們也各有需要鍛鍊的功課。

揍他！斬他！

關將軍，敵人
殺過來了！

不急，待我先梳好鬍子。

關羽把曹操放跑
啦，你管不管？

呃……我這訊號
不好。

太醜、太笨、太矮

蜀國繼承人海選大賽

　　就以劉備的核心領導團隊為例，劉備最終不能統一江山，與他們的性格不是沒有關連性。

　　D：不關注下屬的情感需求，聽不進下屬的意見。張飛沒有死於陣前，卻因下屬叛變而被斬頭身亡。

　　I：死要面子不要裡子，抓不住重點。關公為擔當「忠義」兩字，做事太多顧慮，只能在單對單對決中占上風，無法把握住全局。

　　S：獎罰不分明，沒有原則，難以樹立權威。劉備做事不夠客觀公正，核心團隊抱得太緊，無法吸引其他同樣有抱負的人為他賣力。

　　C：苛求完美，沒有彈性，難以培養接班人。諸葛亮對他人要求過高，沒有將機會給新人，導致蜀國後繼無人。

　　我們可以看到，最容易暴露弱點的時候就是他們各自為政的時候。所以，我們強調團隊成員之間要多溝通、相互補足，正所謂：**沒有完美的個人，但有完美的團隊。**

　　雖然我們不能說誰適合當領導者，但可以肯定的是，無論是以哪種特質為主的領導者，其實都有自己需要努力的功課。

測試 2

> **DISC 的四種性格類型，哪種最適合當銷售員呢？**
> **標準答案：不一定。（看完這本書，並不是要學會凡事說「不一定」，而是要思考，在什麼情況下是一定的。）**

D善於為他人做決定，他也是真的認為這個決定是為你好。

買不買？

D

我跟你說，這件衣服非常適合你，一定要買！
刷卡還是現金？

買

I善於描繪出身歷其境的感覺，讓你的想像力來幫助你說服你自己。

您看看這塊布。
能鋪又能蓋，能洗又能晒。
能拉又能拽，能踩又能踹。
買不了吃虧，買不了上當！

I

S 完全從你的角度和需求出發，讓你覺得貼心又放心，感覺不消費就辜負了他的全心全意。

我這批衣服是……瑕疵品！一個袖子長一個袖子短，要不您還是去別家買吧。

　　C 用專業來讓你產生信任感，讓你心甘情願地掏腰包。

我們的東西最專業，各種證書都有，手續齊全，信譽保障您大可放心。

　　快速消費文化下，商品嚴重地同質化，銷售員可能需要更關注消費者的感覺；產品的品質非常關鍵，銷售人員需要具備嚴肅專業的銷售態度和妥善的售後服務。總之，不同商品的性質決定了銷售人員不同的特質。即使是同一家公司，三年前需要的銷售人員的特質和現在需要的銷售人員的特質，也會有所不同。

在全面了解人與人之間的不同後，我們在為公司挑選人才和確定培養計畫時，就能根據職位的特殊需求，找到在具體情況下「一定」的答案。

談過 DISC 的理論、講過 DISC 的兩大原則——「配合他人，完成團體」和「從他人角度出發」，接著，我們又結合具體的案例對 DISC 加深了認識，並說明其於團隊中的意義與作用。到了本章結尾，我希望透過對我生命中兩個最重要的人的描述，來突出一個非常重要的觀點：**DISC 的四種性格元素並沒有好壞對錯之分，每種性格特質都有一體兩面。**

我的太太和母親

本部分講講我的真實生活，如有雷同，甚為榮幸。

我生命中有兩個最重要的人，一位是我的媽媽，一位是我的太太。她們在我面前，剛好呈現出兩種截然不同的特質。媽媽是熱情開朗、善解人意的 IS，太太是堅強纖細，大方得體的 DC。現在，我「冒著生命危險」來講關於她們的真實故事。

有一次我和太太並肩走在路上，地面非常溼滑，太太不慎

滑倒。我連忙要扶她起來，她卻擺擺手，從口袋裡拿出紙巾，吸了一下地面上的水，然後才讓我拉她起來。

　　她解釋說：「在我站起來之前，不知道自己有沒有受傷，也不知道會不會需要看醫生，所以我要先取證，萬一是物業使用了超標的清潔劑才讓我滑倒的呢？」

　　經此一事，我終於明白了，太太的真實身分是福爾摩斯。

老婆有時像
福爾摩斯

　　所以我撒謊，只會自取滅亡。好處就是我養成了堅持說真話的習慣。

　　家裡有很多條家規，一旦違反，將會得到嚴重的懲罰。

　　比如，洗澡前後在沙發上有嚴格的「三八線」，如果不小心坐錯了，就要遭受到無情的警告。

　　專門執行家法的工具，是十元百貨裡一枝的皮質「愛的小手」。和太太一起選購的時候，我還傻傻地問：「家裡有蚊子嗎？」完全沒有想到它的實際功用。

我是不是坐錯地方了？

但最重要的一條家規是：

太太都是對的，錯的都是我；

如果太太錯了，那證明我不是男人。

錯啦，下次不敢啦！　　　　　你是不是越界啦！

你不愛這個家！不關開關會引起短路，
就會引起火災，就會燒毀這個家！所
以，你根本就不愛這個家！

輪到老婆忘記關開關了喔！
哈哈哈

你確定要反擊？
不想活啦！

　　古代有個國王，走在路上被石頭割傷了腳，下令把全國的牛殺了，因為用牛皮鋪在路上，石頭便不會割傷腳。但是有兩個挑戰：第一，牛皮鋪在路上，風吹日晒會壞；第二，牛沒那麼多，皮不夠用。

　　所以有個聰明的臣子就建議：把牛皮切成一小塊一小塊的，裹在腳上，於是我們大家現在就有了皮鞋可以穿了。

石頭、腳、鞋的故事

　　改變世界太難，我們要做的只有調整自己。你的太太／你的先生／你的朋友／你的客戶／你的上司和你往往是兩個不同世界的人。**永遠不要想去改變對方，你要做的是，用對方能接受的方式去影響他。**

　　對於無法改變的事情，我們要懂得欣賞。

　　儘管這樣的太太完全不符合大男人主義的要求，但卻是我的最佳搭檔。

我和你恩斷義絕！
我不活啦！

結婚當天晚上我就要去外地，她卻覺得老公這麼拚是好事，沒有跟我鬧。

老公加油！！

在我沮喪的時候，她不是一味地安慰，而是為我加油。她覺得別人是否看好並不重要，事情做好才是真的好。

結婚當晚，我就要飛去外地授課，她不哭不鬧，全力支持。

結婚的新房，我在搬進去之前，只去過兩次，加起來不超過半個小時。第一次是看房，第二次是陪她檢驗裝修品質。從辦理買房手續到收房、裝修、買家具，再到搬家，全部都是她一手包辦。

對於一年 365 天飛各地授課超過 300 天的我來說，太太是無庸置疑的賢內助，她支撐起了整個家。

如果沒有我太太，我就無法取得今天哪怕一點點的小成就。

媽媽是 IS 特質，
非常主動分享自己的快樂和故事。

高 I 的特質讓老媽非常願意和別人分享自己的快樂和故事。在她的字典裡沒有「陌生人」，只有「朋友」和「沒有見過面的朋友」。

她是「五星級義工」，帶領著 200 多人的義工團隊。每次

活動結束時，她會把所有人的工作服收回來家裡洗。我家還是義工們定期的聚集地。

我在新加坡以論壇嘉賓的身分出席某活動，晚上接到媽媽十萬火急的電話。

媽：「怎麼辦，怎麼辦，兒子，兒子，出大事了！」

我：「您先別著急，慢慢說。」

媽：「哦，對了，你在新加坡一切順利吧。那裡好玩嗎？晚飯都吃什麼了？今天我碰見你二姨丈了……」

我：「媽，您剛才說發生什麼事了？」

媽：「是哦，我本來要說什麼……對了，洗手間的水管壞了，現在全都是水！」

我：「您去找工人來維修就好，您跟他們都很熟的呀。」

最後，國際漫遊通話費用竟然高於修水管的費用。

諸如此類的事情經常發生，我每次回到家，都要先檢查存摺和各種帳單，以免大意的媽媽有所遺漏，並且及時處理掉一些隱患

有一天，媽媽做蛋炒飯給我和太太吃。就快做好的時候，太太小聲和我說：「糟糕，忘記告訴媽媽我不吃蔥了。」

結果不小心被媽媽聽到。媽媽進了廚房很久都沒有出來，我進去找她，卻發現她正一點一點地把蔥挑出來。

我的眼淚再也止不住，覺得自己真是一個幸福的小孩。

當媽媽知道老婆不吃蔥，
就悄悄把蔥挑出來。

母愛都是無私偉大的，從小到大，媽媽給了我無微不至的關懷。每天早上都幫我和爸爸把洗臉水準備好、把牙膏擠好，二十多年來從未變過。

儘管媽媽的熱忱偶爾會讓我有點小尷尬，但我真心感激和珍惜她的存在與陪伴，並為自己有這麼一位充滿活力的老媽而自豪。家人應該是相互扶持的，沒有單方面理所當然的享受，幸福的家庭需要我們的包容和付出。

什麼是幸福？福田心耕，天堂來自自己心裡。永遠不要去想改變一個人，只需要用對方接受的方式去影響他。

媽媽和太太的故事就先講到這裡。

在本書的初版和再版之間，歷經八年。我生命中又增添了兩個重要的人──我的孩子希希和郡郡。他們還有很長的歲月可以慢慢書寫，在這裡我不多加描述，希望以後還有機會跟大家分享我在他們身上獲得的感悟與喜悅。

幾乎沒有人可以做到「圓滿」，但我們都在努力地讓自己和家人感到「美滿」。在這裡，要祝福每一位讀者都擁有幸福美滿的家庭生活。

第三章

你也在這裡？
看影視劇學溝通

讀你千遍也不厭倦；溝通不易，理解行前

說我像楊貴妃，
你什麼意思！
諷刺我胖？

電視裡的楊貴妃
明明很美啊！

　　如果知道每個人看待、衡量世界的重點各有不同，便能明白自以為是的「正確」和「善意」，對方並不一定能夠接受。

　　怎麼樣才能「讀」懂一個人呢？若一定得經過「共患難同生死」的考驗，那也太為難自己了！

　　讀懂一個人，應該從一個人的肢體動作、口頭禪、行事動機以及評判事物的標準和角度著手，嘗試了解這個人的行為習慣，從而在某種程度上預測或引導他對某件事的反應、觀點和行動。

　　有兩句俗語家喻戶曉，第一句是「馬屁拍在馬腿上」，第二句是「知己知彼，百戰百勝」。

　　DISC 並不是算命，它不能確切地告訴你某年某月會發生什麼，但它是一種方法，能夠幫助我們更有效地進行溝通，預

測他人的反應，進而更完善地應對，甚至是更好地「管理」他人的行為，引導大家同心協力地推動你的事業。

在本章中，我們用幾個影視劇案例來說明 DISC 四種類型某一性格元素突出的人各自具有的特質，以及如何應對。

劇情大綱介紹：

著名作家余珠早上進入公司，與每一位同事之間的互動場

景以及其後接受電臺主持人採訪中，發生的一系列單元劇。

點評重點：

指揮者 D 有以下特質：

- 直接，控制，獨斷；
- 獨立，追求成功的動機強烈；
- 喜歡掌控全局；
- 節奏快，只著眼於結果；
- 喜歡挑戰；
- 不太關注別人的感受；
- 容易與人保持距離；
- 主觀且自負；
- 喜歡透過組織或權威來施壓；
- 用專注工作來釋放自己的負面情緒。

電梯門開，
余珠環視一圈，
步履匆匆走向公司。

1. 出場

電梯門打開，只見一身西裝的余珠（吳君如飾）穿著輕便

的運動鞋，眼睛一掃，傲然走出電梯間。她右手提著電腦包和手提包，左手捧著茶杯，腋下夾著報紙，最後鏡頭特寫在她的左手手腕上——碩大的運動手錶。

小提示：如何分辨 D 型人

D 型人的外觀：D 型人在衣著選擇上有點矛盾，他們一方面希望保持自己的權威性（穿西裝、打領帶），另一方面追求實用和快捷的性格會促使他們傾向於選擇格格不入的運動鞋或忽略對頭髮等細節的打理。

因為一刻也不願意讓自己閒下來，並且喜歡同時多工處理事務，他們手上總是拿著很多東西。「忙」是 D 的唯一狀態，而面無表情就是 D 最常見的表情，就連牽動一下臉部肌肉他們都覺得浪費時間。

時間觀念極強的 D 喜歡造型誇張或體積很大的手錶，既可以提醒別人時間緊迫，又方便他們自己能時時刻刻確認時間。

D 往往在團隊中有極大的存在感，尤其是對於 D 型領導者而言，他在和不在，員工狀態可能完全是兩個樣子，因為他善於向員工傳達壓力。

這對於團隊而言，是不是好現象呢？在他還能兼顧的時候，當然是鞭策員工做出成績的好事。但一旦 D 分身乏術，而員工又已經養成了 D 一不在就鬆懈的習慣，這時就需要重新審視團隊的監控和考核機制了。

2. 打招呼

余珠出了電梯，向公司走去。與此同時，正在公司裡化妝、閒聊、吃早餐的員工像有心電感應似地察覺到她在逼近，一陣慌亂，紛紛跑回座位，迎接她的到來。

正在塗指甲油的櫃檯小妹趕在余珠推開公司門之前坐回櫃檯，用手指夾起電話筒，假裝正在聽電話，然後用飽滿的精神狀態和甜美的笑容向她打招呼：「余小姐，早上好！」

余珠冷漠回答道：「好什麼好啊？這麼注意誰進來就表示妳沒有專心做事。妳明天不用上班了！」

余珠嘀咕道：「太離譜了，指甲油都沒乾，在公司塗指甲油，早就該炒了。」

另一位員工一邊工作一邊向她問好：「余小姐早！」

她掃了一眼敷衍道：「你好！」

又一位員工：「余小姐早！」這一次她連看都不看就直接略過。

小提示：為什麼向她打招呼會得到這樣的反應？

D 的能力大多很強，能同時兼顧很多事情。有時候看上去沒那麼注重細節，但實際上，只要是他認為重要的事，那些細節便逃不過他精明的雙眼。相反地，他並不在乎與人的互動。

D 會直接告訴你他的決定——明天不用上班了，但懶得跟你解釋他下決定的依據——你在上班時間塗指甲油。因為在他看來，你是怎麼想的一點都不重要，完全不需要浪費口舌和時間去解釋，只要執行就好。同樣是問好，第二位員工看上去沒那麼熱情地說早安，但因為他在認真做事，於是就得到一個較為正常的回應——雖然有點敷衍。

老闆莫名其妙罵你，你要先檢討自己的工作。

如果你有一個 D 老闆或 D 同事，不要期許他會跟你熱情地打招呼。

3. 匯報工作

余珠繼續向自己的辦公室走去，這時一位員工走過來向她匯報工作：「余小姐，這個設計可以嗎？」余珠邊走邊掃了一眼，說：「OK。」

「謝謝！」這個員工馬上轉身離開。

另一位員工把文件遞到他面前：「余小姐，請妳看看這份文件有沒有問題？」

「沒問題，發出去吧。」員工轉身小跑去處理。

這時從另外一個方向跑來的余珠的弟弟，雙手各拿著一套衣服，與她並肩前進，急促地說道：「今天下午一點……兩點半……四點……電視臺現在已經到了……」

弟弟說完這一串，已經氣喘吁吁。

余珠停了下來，淡定地回答道：「OK，再說一次吧。」

弟弟懂了：「呃……一點半要……不是，一點那個……哎呦，完了，我已經不記得了。」

小提示：

D 傾向於快速地決策，最喜歡做選擇題，所以跟他講重點就好，「好不好」，他眼睛瞄一下就知道重點了，立刻可以做決定，這些在走路時就已經完成。

當有很多件事情要匯報的時候，千萬不要像上面那位小哥一樣囉唆。我們是能理解這位仁兄的——因為在這樣一個領導者手下工作，為了做充分準備，乾脆把時間表背下來，他開始講得很快，覺得這樣是理想的工作狀態，但對 D 卻是無效的。

所以員工應該怎麼跟余小姐匯報工作呢？告知今天最重要的工作是什麼，下一步要做什麼。最後給他一張清單：「老闆，妳今天最重要的事是接受電視臺的採訪，接下來需要妳馬上去換衣服，其餘工作就在這張清單上，有任何問題隨時問我。」

D 要的只是「我接下來要做什麼」。抓到這一點，你跟 D 相處起來就會變得輕鬆。

講最重要的以及最緊急的事——讓 D 知道一切盡在掌握中。

4. 互動

余珠走向攝影棚準備接受電視臺的採訪。

導演迎面伸手說：「妳好，妳好，我是今天的……」

余珠一邊握手，一邊打斷說：「你就是今天的導演吧，一會全聽我的就行了。」隨後抽手離去，而導演的手則停留在半空中，愣住了。

主持人伸手熱情歡迎余珠：「妳好！我是節目主持人 VV。妳就是那個著名作家佘（音「ㄕㄜˊ」）珠小姐，對

吧？」——「我姓余。」

「姓余？哦是是是，余余差不多嘛……差不多……這些……就是今天訪問的七個問題，麻煩妳看熟一點，一會兒呢，回答簡短一點，爽快點就行了，別浪費大家時間。」主持人一番叮囑，隨後又半遮臉湊近余珠悄聲說：「一會兒我還接了個工作，呵呵。」

主持人看余珠沒有任何反應，又自我解嘲道：「其實妳也是做廣告，推銷一下自己的新書嘛。」余珠轉身喚來導演：「導演？」

「是，是。」導演應聲而到。

「這次是不是用高畫質拍攝呀？」

「是呀。」

「正好，我的妝化淡一點吧，」余珠指了指主持人，又說，「她比較年輕，要化濃一點。」

「啊，怎麼這樣。」主持人吃了一驚——化濃妝既浪費時間又顯老。

導演連忙把主持人拉過一旁勸她說：「聽嘉賓的話，余小姐很難約的。」並且馬上叫來化妝師：「你馬上幫她化一個 HD 妝。」

「什麼是 HD 妝啊？」化妝師一時沒反應過來。

「就是……」導演正想告知，余珠在一旁馬上強調道：「就是電視臺妝啊，比較濃的那種。」

「好的，知道了……」

小提示：

1. 為了確保自己的目標達成，D對合作對象有很強的控制欲。「一切都聽我的！」

2. D最討厭別人做錯了還不認錯。叫錯名字，一定要立刻道歉，不可以說「差不多」。

3. 不喜歡在工作時間牽扯人情，工作就是工作。

5. 應對壓力

終於開始拍攝。濃妝豔抹的主持人用極其誇張的表情開場：「大家好，今天我們邀請了著名的才女，也是所有獨立女性的偶像。今天，她推出了最新的暢銷書《單身，不是我的罪》。有請余珠小姐！」余珠略顯僵硬地淡笑。

主持人拋出一個不懷好意的問題：「余小姐，妳一向推崇單身主義，妳到底是怎麼看待婚姻的呢？」

余珠回答道：「我認為，人不一定要結婚。一個人無拘無束的，想工作時工作，想旅行時旅行，多自由啊。」

主持人眼珠一轉，更尖銳：「妳寫來寫去都是單身，是不是沒人追妳啊？」余珠豪不畏懼，面對鏡頭說：「為什麼一定要讓人追呢？喜歡就去追人家啊。一切都源於地球的地心引力嘛，宇宙間的萬有引力，再加上乾坤兩極的機率，簡稱緣分。」

小提示：

D 型人從來不害怕別人的攻擊，甚至會因為要應對攻擊而感到亢奮，甚至會因此而變得鬥志高昂，才思敏捷。

在場景中，主持人發起了第一次攻擊——「妳是怎麼看待婚姻的」，主持人設好了陷阱，但余珠根本不掉進去。假如她正面回答：「我認為婚姻是⋯⋯」主持人馬上就能抓住把柄窮追猛打。

而余珠的反應是婚姻根本不值一提：「我認為人不一定要結婚。」D 是很有主見的人，別人設好了陷阱，但他會不會跟著掉下去？根本不會。

D 釋放壓力的方式是繼續做事，強迫自己忽略情緒、專注在事情上。D 看起來是不記仇的，但不代表察覺不到，所以一旦我們意識到自己對 D 做了一件錯事，即使時間已經過去了很久，該承認的時候還是應該主動去承認。雖然 D 會管理自己，盡量告訴自己不要因為對這個人的討厭而影響工作，但是這種被強壓下來的情緒持續累積，遲早會演變成無理取鬧。

6. 與 D 相處的原則

從以上的幾個片段中，我們能直觀地了解一些 D 的基本特質。每個人身上都有 D，只是有多與少、明顯不明顯之分。在工作環境中，大部分上司都自然地傾向於向下屬展現 D 的一面（當然，ISC 的特質也會共存）。所以學會如何與 D 相處，對於與大部分高層和諧地交流有很大的幫助。

與 D 相處有以下五個基本原則：

（1）不要對 D 造成壓迫感。

小提示：

D 習慣向別人施加壓力，但卻不習慣接收來自別人的壓力。在應對旁人不加掩飾的威脅時，他的第一反應是「絕不妥協」。當你走進 D 的辦公室，與 D 商議事情時（如果你還不能完全掌握這個原則），至少在肢體動作上要盡量避免居高臨下地凝視他。碰到重要的事情一定要獲得他的配合時，甚至可以嘗試半蹲在他身旁，與他平視或仰視他（用這樣的方式施予壓力，D 是可以接受的，因為他認為你尊重他、你只是基於事情的緊急性而不得不強硬）。

如果你是一位「高人」，不妨研究一下如何降低自己的「水平線」。

（2）匯報重點和要點。

小提示：

　　向 D 匯報或講述一件事情，最佳方法是先讓他知道「這件事對他而言很重要」。然後簡短地把重點（後果）先說清楚，不妨再加一句：「有什麼疑問或者還需要了解什麼細節嗎？我可以隨時再做補充。」這麼的匯報方式對於 D 而言更便於決策；對於匯報者而言，有利於探明領導者關注的重點。

（3）預防 D 過快做決策。

　　D 可能會用第一反應去回覆下屬的請示，因此你不妨跟他說：「你先考慮一下，你可以明天再給我答覆。」

小提示：

　　大家都不是神，在彼此犯錯之前，我們可以想想如何幫助大家避免犯錯，共同努力去獲得想要的結果。匯報工作不是要將決策的責任轉給老闆或合夥人，而是要正確地做事並且得到對方的支持。因此給對方一些善意的提醒，即使有點囉唆，也必不可少。

（4）工作上的事情隨時找他。

小提示：

不要妄想等到 D 不忙的時候再找他做決定，因為 D 永遠在忙碌中。如果因為等待而拖延了時間，使他決策的時間壓力增大，這時他反而更不會給你好臉色。D 最習慣多工處理事務，只要是在工作上乾淨俐落地徵詢、匯報，他是歡迎你隨時找他的。

（5）婉轉地提醒錯誤。

一旦 D 做了錯誤的決策，直接糾正他的話，很有可能會讓他為了捍衛自己的權威而強硬抵抗，因此這時候應該使用一些溝通策略，來達成彼此共同的目標，以下兩段話你會選擇哪一段呢？

甲說：「我覺得你說得非常有道理，尤其你說到的……，這是讓我深感佩服的一點。同時，從另外一個角度看……」

乙說：「我覺得你說得很好，但是……」

D 在保護自己的權威，對於反對的聲音有著超乎常人的敏感度，一般的客套話矇騙不了他們。甲與乙的不同之處就在於，甲用「尤其」兩個字讚許了 D 的某個論點，讓 D 覺得「不錯哦，你真的有聽進去」。在轉折的時候，用了一個轉折意味沒有那麼強的詞「同時」，而不是「但是」，使得話聽上去沒有那麼刺耳。所以，一旦我們不得不去糾正 D 的錯誤時，不妨使用甲的這種句式，以便讓他能心平氣和地做出判斷。事實上，這不僅適用於那些個性中 D 很鮮明的人，同時適用於我們每一個人。畢竟，在每個人心中，都住了一個 D。

劇情大綱介紹：

朋友聚會結束後，在男生與女生一起回去的路上，女生與街坊鄰居之間的友好互動情景。最後結束在女生與男生之間單獨相處的對話。

點評重點：

I 型人被稱為社交者，他們有以下特質：

● 良好的溝通與說服能力；

● 樂觀，口才好，較圓滑；

- 對人際關係有較高的敏感度；
- 喜歡團體的氣氛；
- 表情豐富，即興，步調快；
- 容易信任別人，喜歡近距離接觸，有很好的人脈網路；
- 感情濃烈，同時容易出現情緒的轉折；
- 傾向於忽略細節；
- 注重外表及第一印象；
- 選擇自己想聽的話，做自己要做的事情。

1. 出場

在一陣嬉笑聲中，打扮得色彩明豔的一群少女蹦蹦跳跳地跑到一輛計程車旁，紛紛上了車。

少女 A 半個身子已經上了車，不懷好意地笑著對隨後走過來的米蘭（舒淇飾）說：「就多你們兩個哦。」話音未落，人就縮進車裡關上了門。

米蘭戴著一頂橙色的帽子，把長髮梳成很多條髒辮，粉紅色的長袖 T 恤外套了一件玫紅色的短袖 T 恤，最外面還有一件牛仔背心。她笑得眼睛彎了起來：「我可以用（機）車載他呀。」

隨後她「惡狠狠」地瞪起眼睛，「訓斥」道：「妳別給我裝啊！」

鏡頭一轉，程仲森（劉德華飾）幫她們關上車門，無奈而僵硬地笑了笑。

在車內一片嬉笑聲中，滿頭糖果色髮夾的少女 B 從車窗伸出半個身子，對在車另一邊的程仲森喊道：「喂，唐僧，抱緊你的白骨精啊！」

車內傳出一片附和的聲音：「是啊」、「是啊」。

車向前駛去，少女 B 做著鬼臉向米蘭強調：「我們還可以裝得更像啊。」

車內少女紛紛道別：「拜拜——」

小提示：

　　I 型人的出場：總是很大動靜，人未至，聲已到，而且往往是笑聲。對於 I 型人來說，笑是他們應對一切變數的常

用方式之一，在片段中，程仲森和米蘭之間還有些緊張，但是同伴卻用歡笑和戲謔很好地化解了他們之間的尷尬。

　　I 型人喜歡色彩鮮豔的衣物，糖果色是最愛。此外，繁雜的小飾物、獨特的髮型、層層疊疊的穿衣風格，都是他們在追求耀眼光環上永不止步的明顯表現。和他們的裝飾一樣豐富的，是他們的表情。前一刻還在甜蜜地笑，後一刻卻裝出一副兇狠的樣子，用戲劇化的方式來調節氣氛。

　　I 型人喜歡群居；所在團隊氛圍很好，喜歡互相取綽號。I 型人在道別的時候，體現出這樣一個特點：人已經出了鏡頭，聲音卻依舊縈繞。他們的道別熱情響亮又帶著喜悅：聲調向上，並且把音調拖得很長，因為喜新厭舊的 I 型人並不害怕別離，除非生離死別。但是，對朋友的熱愛又使他們喜歡用拖長的音調來表達自己對於短暫離別的不捨。

人類史上屢屢可見——主動拉「唐僧」來抱自己的「白骨精」。

2. 互動

一個男孩子和一個女孩子在一起。

應該誰先出手呢？

男孩子？不一定。

要看誰更I一點。

計程車開遠了。米蘭把手中的安全帽拋給程仲森：「接著！」

程仲森坐在機車後座上，略顯慌亂地扣著帶子。

米蘭有些茫然朝自己腰際左右看了看，忽然釋然一笑，無奈地把手向身後伸去。

她抓住程仲森的兩隻手，讓他抱緊自己的腰：「走啦！」隨後發動機車向前駛去。

小提示：

I型人的互動：I型人在人際交往上顯得非常主動。女孩用機車載男孩，本來應是男方主動去抱女方，但是結果卻是「白骨精」主動拉著「唐僧」的手去抱自己。在整個片段中，兩人的互動一直是由I型人主動的。

此外，I型人喜歡肢體接觸，他們可以從中獲得確認與肯定的訊息。當女孩上車坐好以後，忽然發現哪裡不對勁，露出了疑惑的神情，往自己腰際看了看，她發現是因為男孩沒有抱緊她，這讓她感到有點不踏實。發現這個問題後，她才了然一笑，然後主動拉對方的手。

在工作交往中，I型人是最喜歡握手的，而且他們握手的時間會比一般人略長——他們需要時間去感覺你的熱情度和真誠度，他們甚至可能一直握著你的手說話。因此與I型人握手，如果速度太快地抽走，很可能就會出現他的手還停留在半空中，表情茫然無措的情景。

如果再熟一點，I型人甚至會與你勾肩搭背，或者往你身上靠。

I型人在交往中的主動和親密，加上略顯誇張的肢體語言，常常讓人誤解。實際上，這只是他們表達熱情和肯定的方式。

3. 打招呼

I型人就是傳說中「人見人愛，花見花開」的「夯哥／夯姐」——走在路上，你會發現他誰都認識。

在市場裡，米蘭和程仲森並肩走著。

米蘭遠遠地向賣豬肉乾的師傅招手叫道：「輝哥，你好。」

輝哥熱情回應：「妳來啦，米蘭。加了蜂蜜的豬肉乾，妳吃看看！」

「真的嗎？我試試。」米蘭接過豬肉乾，撕開與程仲森共同品嚐。

兩人繼續往前走，米蘭沿途向各個攤主打招呼：「你好。」、「妳好，米蘭。」各個攤主紛紛回應。「生意好嗎？」、「你好。」……

「又認識？」程仲森驚訝於米蘭的人緣之好。

「妳好，寶蓮姐。」、「妳來啦，拿去吃吧。」寶蓮姐遞給米蘭一包小吃。

「好啊，但是妳要收錢。」米蘭伸手從包裡掏錢。

「哎呀，不用了。」寶蓮姐搖頭推辭。

「妳必須要收錢，不然我下次不從這裡走了。」米蘭威脅道，一旁的程仲森則好奇地打量著她們。

「不用了，下次再算。」寶蓮姐堅持道。

程仲森驚嘆道：「光是看妳走這條路，我就已經很開心了。」

米蘭一邊整理包包，一邊笑著問：「是嗎，有多開心呀？」

程仲森向後望去：「為什麼每個人都對妳這麼好呢？」

米蘭答道：「你對別人好，別人自然就會對你好嘍。」

「是不是真的啊？」程仲森有些不相信。

「當然啦。」

你必須要收錢，不然我
下次不從你這裡走了。

不用了，下次再算。

為什麼每個
人都對你這
麼好呢？

小提示：

I 型人的交際：I 型人總是有很多朋友。因為他們時時都
主動對別人噓寒問暖。雖然整條街的人 I 都很熟悉，但主動打
招呼的那個人永遠都是他！此外，他們快樂陽光的心態也讓大
家樂於與他相處。他們更清楚愛是一個動詞，不會等別人給自
己，而是主動去給，並在過程中享受。

如果你天天都向一個人熱情地打招呼，對方肯定也會熱情地回應你。某一天你忽然不跟他打招呼，他反而會覺得很不習慣和疑惑。

他們信奉的人生信條是：「你對別人好，別人自然就會對你好。」他們重視人脈的累積，決策的重點常常不是事情本身，而是其中牽涉的人。

因此，如果和 I 在工作中發生分歧，不要直接和 I 講「沒有永遠的朋友，只有永遠的利益」、「親兄弟，明算帳」這一類話，這只會使你在他們心中分數大減。

I 在金錢問題上爽快豪放，但有時候過於不在意，反而會引起不必要的誤解。有些 I 會因為從小被教育而特別注意。但換了別的 I，因為粗心和不在乎，也許就會意識不到要去保障別人的小利益。這也是有的 I 會被人誤會為「愛占小便宜」的原因。

一驚一乍的表情大挪移，面部肌肉比阿諾‧史瓦辛格還厲害的「魔鬼終結者」！

4. 應對壓力

兩人坐在餐廳裡，這時米蘭收到少女們發來的簡訊：「妳悶了這麼久，就不分走妳的美食了。眾妖上。」米蘭不置可否地笑笑。

你悶了這麼久，就不分走妳的美食了。

眾妖上

程仲森在桌子上把筷子對齊，然後放到米蘭前面。

米蘭忽然一拍桌子，瞪他罵道：「喂，沒禮貌！」程仲森疑惑地看著她。

「吃啦，明哥的花生超好吃！」米蘭大大咧咧地說道。

「平時我都不吃的，」程仲森有些猶豫，「今天可以試一下。」

「為什麼？」

「據說呢，這個東西是會消解戰鬥力的，所以就……」程仲森尷尬地回答，「不過今天沒關係啊。」

「是呀。」米蘭先是淡笑不語，隨後轉移了話題，「不過呢，我喜歡很餓，很餓，很餓的時候，才吃東西。肚子餓呢，

是最眞、最誠實的動力。」

「嗯，有見識。」程仲森重複道，「肚子餓呢，是最眞、最誠實的動力。有見識。」

小提示：

I型人應對壓力：在片段中，看似是兩個人在聊天。實際上，I兩次感受到了壓力。

第一次，是同伴們的戲謔簡訊。本意是留空間給兩人發展感情，但是高I的人習慣的是熱鬧放鬆的環境，當I得知要和這個不熟絡的意中人長時間單獨相處時，他第一反應是緊張，隨後才調整心情，無奈一笑。這種情緒波動，他用較為戲劇化的方式去掩飾──拍桌子假裝斥責，這實際上是他在進行自我鼓勵。

第二次，是男方藉著吃花生的話題來試探她對彼此關係的認可度和發展可能。這時她先是用笑而不語來掩飾自己的內心活動，隨後忽然轉了話題。

I型人應對壓力的方式傾向於逃避。他們會用一些很戲劇化的方式去轉移自己的壓力，比如突然哈哈大笑說：「今天天氣真好啊！」或者突然拍桌子、挪椅子，甚至跑出房間或跑走。如果壓力來自惡意的攻擊或者他們感覺受到了侮辱，I型人會用更惡毒的方式（大部分時候是語言）正面還擊。此外，I型人在表達的時候，喜歡用極端的詞彙，比如「超」、「最」、「真」、「爆」這些程度副詞，來修飾他們強烈的情感。

如果一個D和一個I吵架，D只會抓住問題的核心不斷重複再重複，而I會發揮超強的想像力和聯想力，從你兩歲開始

罵，一直到未來八十歲，裡面的形容詞絕不會重複，再加上豐富多樣的副詞助興。但是到最後，輸家卻大多是華麗的 I ——因為他們的本性始終在逃避壓力並且非常在乎別人的想法。

如何能夠變成 I，給予人熱情溫暖的感覺呢？
第一，嘗試用更多的肢體語言以及面部表情來表達自己；
第二，嘗試用更多的形容詞和副詞來修飾自己的話語。

5. 應對 I 的原則

每個人都可能在某些特定的場合中，讓自己身上的 I 跳出來。比如，在面對自己深愛的人或者家人時；或者，人在旅行度假，享受新鮮感和玩樂的時候。應對高度 I 的人相對來說是簡單的，主要有以下 5 招。

（1）熱情地回應
和 D 不同，活潑和善的 I，最容易引發的負面情緒在於對你為人處事的非議，而不在於事情有沒有做好。一旦你的回應不到位，他可能馬上會嗤之以鼻，「高傲」、「沒禮貌」、「沒教養」、「沉悶」、「乏味」等帶有人身攻擊意味的詞會不自覺地浮現在他們的腦海裡，隨之而來的就是急速冷卻的態度，甚至不會再跟你說一句話。因此，如果面對別人時，你的禮節是微笑加平淡的「你好」，到了高度 I 的人這裡，你不妨嘗試提升音調，用最誇張的傻笑甚至擁抱來打招呼。如果你實在沒有這麼熱情，那麼至少要長時間地保持你的笑容，並且給他更多注視的目光。

（2）幽默而獨特的詞彙。

從服飾到語言，I 都追求華麗和新鮮感。新鮮幽默的語言會吸引 I 的注意，比如不說他看起來很漂亮，而是說看起來「很高級」，營造獨特感。

（3）告訴他「很有趣」。

I 對「很有趣」這三個字是沒有免疫力的。需要注意的是，這招不能亂用。如果被騙了幾次，你所謂的「很有趣」都不過如此，那麼 I 就會開始懷疑你的品味，而且認為——你真的乏善可陳。

太有趣了，
哈哈……

（4）強調你的感受。

向 I 施加壓力的時候，不妨從人的感受著手，讓他知道你（或某人）真的有可能或已經因為他的行為而受到傷害。這是使 I 讓步的最佳方法。

（5）堅持。

熱情的高 I 一向不善於堅持，因此只要你堅持得比他久一點，事情就能向你希望的方向轉變。

只能堅持 3 分鐘！

DISC 影片點評示範 3 《命中注定我愛你》

劇情大綱介紹：

一個普通的公司上班族女孩早上在公司內與同事相處的一系列場景。

點評重點：

S 型人被稱為支持者，他們有以下特質：

● 對人友善，願意犧牲自我來成全他人；

● 做起事來慢條斯理；

● 隨和到沒有原則的地步；

● 溫和婉轉地表達情緒，甚至隱忍不發；

- 過分小心；
- 對人很敏感，會關心他人；
- 具有同情心，擅長設身處地換位思考；
- 迴避衝突，用「對不起」來做擋箭牌；
- 渴望別人的關懷，多於表揚和酬勞；
- 逃避決策，等待別人的安排。

注定的勞工：每天早上，都要
幫一大群同事買咖啡和早餐。

1. 出場

「小心，小心」一個平凡的背影出現在鏡頭前，白襯衫，灰色及膝裙。雙手各提一個袋子，慌亂地向前衝：「對不起，借過，這個很燙！」

「不好意思，對不起，對不起，借過，對不起，借過。」她終於趕在電梯關門前拚死擠了進去，隨即被淹沒在人群中。

陳欣怡（陳喬恩飾）努力高舉袋子，盡量縮小自己占據的空間，卻仍然被擠壓得無地立足，雙腳一直在扭曲和掙扎。

她卻還在一直不停道地歉：「對不起，對不起。不要踩我腳，不要踩我腳。」

她的眼鏡幾乎快被擠掉了，她只能緊閉雙眼，苦苦道歉：「對不起啦，不好意思，對不起。不好意思，對不起。小心我的咖啡。」

小提示：

S型人的外觀：沒有特點就是S型人在裝扮上最大的特點。他們力求自己和多數人保持一致。如果特別亮麗或帥氣，反而會讓他們不自在。鶴立雞群對於他們來說，簡直就是地獄式的體驗。

S的口頭禪就是「對不起」，這句話可以保護他們遠離別人給予的壓力和自身產生的愧疚感，是最有效的「強心針」。

遇到別人的逼迫時，他們其實擁有自己的想法，卻通常只會閉起眼睛苦苦忍受，而很少會像D那樣置之不理，或者像I

那樣在嬉笑怒罵間說出不滿。

注定的沉默者：即使被踩到腳也不會出聲。

2. 與人相處

「我到了。」陳欣怡擠出電梯，一路尖叫，「對不起，借過！」
她終於進入公司，把男同事 A 的咖啡送到：「來了。」

A 很不滿地叉著腰：「現在才回來啊，我都要開會了，怎
麼喝？」

陳欣怡抱歉地拍拍他說：「對不起啦，那你這杯算我的。
不好意思，不好意思。」

她匆忙跑到女同事琳達面前，討好地說：「琳達，拿鐵不
加糖。」

琳達笑著道謝：「謝了。」隨後又問：「妳要去影印嗎，順
便幫我影印這些資料。」

「OK！」陳欣怡滿口答應。

「順便幫我買午餐。」琳達隨手把便利貼貼在陳欣怡身上，
上面是寫好的要求。

「午餐，午餐。」陳欣怡連忙答應。

「理查！」陳欣怡繼續給別人送咖啡。

「謝謝，謝謝。」理查欠身說，「對了，不好意思，今天我媽突然生病，所以我要早點走。」

「哦，沒關係，沒關係，我知道，我了解。」陳欣怡馬上接過他遞過來的文件。

「謝謝，謝謝，這個，這個。」理查又把一張寫好要求的便利貼貼在欣怡身上。

「幫我問候你媽哦，拜拜！」陳欣怡一邊寒暄，一邊繼續跑去送咖啡。

注定的受氣包：永遠都是幫了忙還要說「對不起」的那個人。

小提示：

　　S型人與人交往：他們與人為善，在交往中非常重視化解矛盾，永遠讓別人處於最舒適和滿意的狀態。為此，寧願自己吃一點小虧。

　　同事A一有不滿，陳欣怡馬上就說「這杯算我的」，潛臺詞是：只要您滿意，我什麼都好。

　　樂於助人是S的另外一個引人喜歡的特質，但這種個性容易被人視為「軟弱無能」，從而受到別人的輕視。此外，由於

S 要幫太多人的忙，因此拖慢了自己的進度，加上有時候分不清楚輕重緩急，便很容易得到「工作拖延」的惡名。

S 對人情很敏感，有人一跟他說「我媽生病了」，他就立刻說「我幫你做，我幫你做」，他是主動攬過來做，而且是以人情為出發點。即使再手忙腳亂，他也沒有忘記祝福和問候別人的媽媽。

琳達是更擅長使喚 S 的人，她先是態度很好地致謝（只要輕輕一句致謝，S 便會感到溫暖），然後才假裝問陳欣怡，是不是要去影印，緊接著她用兩個「順便」提出了自己的要求。

注定的幫傭：人人都可以輕易向 S 開口請求幫忙。

有兩種忙是 S 很難拒絕，一定會幫的：一是「順便」的忙，S 找不出拒絕的理由；二是人之常情的忙（例如媽媽生病），S 覺得拒絕你會是自己的人生汙點。

但是這兩種忙到了 D 那裡，都會被很慘地打回：說「順便」是你是否認我的勞動價值和時間價值，為了這口氣我無論如何都不會幫你這個忙；說「人情」是你在找藉口，誰家的困難不是自己克服，找什麼藉口？

3. 面对压力

「瑪麗，咖啡！」

瑪麗不耐煩地轉過身：「欸，妳怎麼動作這麼慢啊？叫妳買個咖啡，妳買到外太空去了。我等到都快睡著了。」

瑪麗手舞足蹈地繼續訓斥：「快點快點，妳動作要快一點啊。今天所有要做的事情全部都寫在上面了，記得下班前要做好，要做好！動作快一點，不要再拖拖拉拉了！別再拖拖拉拉了，拜託！」

注定的「忍者」：壓力很大也會死忍，以和為貴。

小提示：

面對壓力：S 面對壓力時，通常會採取默默忍受的方式。他不是沒有情緒，只是沒有要表露出來的意識；他怕一表露出來，會激發更大的矛盾。一旦遇到壓力；他會竭盡所能地讓別人滿意。

所以，S 是最不可能參與爭吵和辯論的人。在開會的時候，如果你想聽到一個 S 的真實意見，你就必須請他第一個發言，否則，別人一旦發表了和他心裡答案有出入的觀點，他就會選擇唯唯諾諾地贊同，把自己的想法悶在心裡。

在團隊中，S 能造成很好的支持和穩固作用，但是他同樣也需要別人的關注。

對於 S 來說，在工作場合中，最大的功課就在於要學會說「NO」。

S 型的職業成長法則之「如何在工作繁忙時應對非常規的要求」。

1. **將心比心，S 回答：**我真的很想幫你處理，不過你也看到了，我現在同時在處理好幾件事，真的抽不出時間幫你了。一起加油吧！

2. **以退為進，S 回答：**好的，我可以幫你。只是我現在手上有某某重要事情正在處理，不能馬上幫你。如果你不急，我會在某時幫你處理（通常是自己真正有空的時間）。如果同事急，自然會再想辦法；如果不急，那等到有空的時候幫忙也能賺回人氣。

3. **快速處理**：如果是急事，恰巧又是自己能快速處理的，那麼就回答：「哦，這樣啊？我正在處理某某事情，不過你要的東西我可以在十分鐘後給你。」這麼，既能解決問題，同時也表明自己目前的情況，不希望再受打擾。

4. 工作狀態

　　鏡頭一轉，陳欣怡開始自我剖析。

「你的身邊啊，一定會有這種人：明明不是小妹，卻幫大家跑腿；明明自己很忙，卻從來都不敢拒絕別人的要求。因為啊，她很平凡，不只長相平凡、個性平凡，就連她的名字，也夠平凡的。」

「唉……」陳欣怡哀嘆著自己的命運，搖著頭走出鏡頭。

「是的，陳欣怡。菜市場名字排名第一的名字，她的存在啊，就像是一張便利貼。」陳欣怡做出最後的總結。

「陳欣怡……」話音未落，便傳來召喚他的聲音。

「有！」她馬上應答，起身快速跑去。

「她很方便，用過之後可以隨手拋棄。呼之即來，揮之即

去。不占空間，永遠安靜。」陳欣怡繼續補充說明。

「拜託啦，辛苦啦。」同事們紛紛往陳欣怡身上貼寫滿任務的便利貼。

「看到沒有，那有多壯觀啊！」陳欣怡感嘆，「是的，我啊，就是便利貼女孩陳欣怡。我的個性呢，說好聽一點，是善解人意，樂於助人，就算自己吃虧，也完全不會跟人家計較。但其實，我是個膽小鬼！我是一個怕拒絕別人，怕得罪別人，就算吃了虧也不敢吭聲，一個徹徹底底沒有自我的人！」

「沒有個性，」陳欣怡緩和了自己的情緒，總結道：「就是我的個性。」

5. 如何保護 S 型人的存在

S 這類人有個特點是平凡。S 站在那裡，並不想被別人注意，也不喜歡出風頭，爭上游。

但我們要清楚，「被注意」和「被關照」是兩個不同的概念。S 並不奢望別人注意自己，但卻會需要一點別人的關懷。

如果在公司裡面，你有這麼的同事好不好？好。大家當然

希望同事是這樣的。可是你要保護好這種「珍稀動物」，你不保護好，他就會消失。

　　怎麼才能保護好 S ？他們並不需要像 D 一樣有權力才能滿足，S 的需求其實很簡單，只要有一兩句溫暖的話就可以了。想一想平時我們注意過這件事情嗎？經常幫助你的朋友，你有沒有真誠地跟他們講一句「謝謝」？還是說稍有不如意，你就會擺臉色給他們看呢？

　　世界上沒有什麼天堂，天堂是我們自己營造的。

　　要懂得照顧 S 的情緒。他們也許不會爆發，但內心還是會有情緒的──在陳欣怡講「膽小鬼」的這一瞬間她是有激動情緒的，只是不想爆發出來，很快又恢復了平靜。

　　其實生活中我們經常會碰見 S，就連我們自己，也經常會扮演這種角色，尤其在自己在乎的人或者公司主管面前，我們都常常處於 S 的狀態。我們每個人身邊也有屬於自己的 S──我們的父母。他們對兒女無私奉獻，經常被我們忽略，卻一直就在身邊。

　　所以對待 S，不用談什麼「對付」和「應對」，只須謹記一點，那就是多一點關照，多一點關懷與包容。

DISC 影片點評示範 4 《女人不壞》

劇情大綱介紹：

　　一位嚴肅正經的護士歐小姐，在與她負責的一位男病患溝通檢查時，發生妙趣橫生的對話。

點評重點：

　　C 被稱為思考者，他們有以下特質：

- 凡事都講求精準，重視流程；
- 對品質的要求高；
- 就事論事；

- 比較嚴肅和理性，沒有太多的話和肢體動作；
- 不懂變通，追求邏輯與規則；
- 善用數據和權威來論證觀點；
- 與人保持距離；
- 傾向於從負面角度看待問題；
- 很難表揚與鼓勵他人；
- 很少直接表露自己的想法。

1. 出場

白大褂；

「清湯掛麵」頭；

大大的黑框眼鏡。

歐小姐（周迅飾）快速地走下樓梯。她身穿白大褂，清湯掛麵的直髮紋絲不亂，戴著一副大大的黑框眼鏡。

她緊閉雙唇，「啪」一聲把鋼製的病歷夾打開，微微皺著眉頭，審視著病歷上的內容。

小提示：

C 型人的外觀：C 型人喜歡簡單整潔的外觀，很少有裝飾品，耳環、項鏈、戒指都與他們無緣。對於他們來說，這些都應該放保險櫃裡等待增值。

他們注重頭髮的打理，但是大多出於整潔和專業形象的考慮，絕不會像 I 那麼花俏。無論男女，直髮是最讓他們感到舒適的選擇。

就像碩大的手錶是 D 的象徵，碩大的眼鏡也是 C 的必備武器。因為眼鏡有助於他們與別人保持距離，隱藏自己的情緒波動；有框的眼鏡就更好了，因為無框眼鏡還是過於親和了。

此外，C 也習慣在見客戶時先打開自己的文件夾，一是再次確認資訊；二是讓客戶看見自己公事公辦、高度專業的形象。如果實在沒有文件夾或其他道具，他很可能在你走近的那一刻，不自覺地扶一扶自己的眼鏡——指引你看到他專業冷靜的一面。

和 D 的面無表情以及 I 的戲劇化都不同，C 的嚴肅表現在緊閉的雙唇和微皺的雙眉。他的臉部肌肉既不像 D 那麼懶，也不像 I 那麼勤奮，而是體現出緊張的狀態。

2. 互動

歐小姐走進候診室，衝著背對她的病人說：「張之亮先生嗎？」然後轉身向診間走去。

病人轉身快步跟上：「歐小姐，張之亮先生？妳認識我啊。每次妳都要問我的名字。」

病人繼續埋怨道：「我女兒的滿月酒妳都喝過了。」

「張之亮先生？」歐小姐依舊嚴肅地問。

「有！」病人積極回應道。

「洗手間去過嗎？」

「何止去過，洗手乳我都用了三次。不信妳感覺一下。」病人說著就伸出左手朝歐小姐的鼻子探去。歐小姐連忙一躲：「跟我進超音波室。」

去過洗手間了嗎？

你認識我啊，每次你都要問我的名字。我女兒的滿月酒你都喝過了。

何止去過，洗手乳我都用了三次。不信你確認一下。

小提示：

　　C 型人的互動：高 C 是需要和別人保持距離的，尤其是在工作的時候，否則不足以表示自己的專業度。C 保持距離是為了有自由度，S 保持距離是為了有安全感。她其實知道病人的名字，而且彼此很熟，人家女兒的滿月酒他都喝過了。如果她是一個 I，可能會拍拍病人的肩膀，寒暄問候幾句。如果她是一個 D，會直接說：「張之亮，跟我來。」但是 C 的處理方式是嚴格按照「假設他是一個陌生人」的標準程序來走的：第一是要保持距離，告訴病人──現在你在我這裡純粹就是一個病人；第二是嚴格按照流程辦事，先確認名字。這是 C 在工作中的與人相處之道。

　　但在這裡表現為 I 的張之亮先生有兩個毛病：一是畫蛇添足，二是肢體接觸。按照 I 的行為模式去和 C 互動，結果徹底把 C 惹毛了──人家只是問有沒有去過洗手間，他卻說洗手乳都用了三次，這是他多餘、誇張的部分；另外，人家只是按照工作程序辦事，他卻還伸出手企圖和別人有肢體接觸──這是 C 最忌諱的。

　　C 在人際關係中，崇尚「君子之交淡如水」。他不會熱情地表達自己的情感，因為過於熱情會影響專業度和冷靜度。電影《赤壁》裡的諸葛亮，時時刻刻都搖著那把鵝毛扇，意思就是：「我要時刻保持冷靜。」這是大多數高度 C 的人心裡的聲音。

　　如果你向 C 很誇張地表達自己的情感，C 不會容易被感動，反而極可能會開始快速地回憶彼此交往的經歷，從中找出證據來評估可信度。因此，過於激烈的形容詞到了 C 這裡只有兩種結局：一是他馬上判斷出是假的，二是他分神去評估可信度。

C 並不是沒有情感，只是他習慣把情感先順手放到天秤上秤重，他可以不在乎輕重，但他一定要準確知道是幾斤幾兩。高 C 的人傾向於用比較的方式來向你描述強烈的情感，不會使用虛無縹緲的形容詞，因為他痛恨不準確和虛假。

> **案例：電腦公司的故事。**
>
> 有一家軟體公司來諮詢我們，內容是「如何提升員工的滿意度」。
>
> 因為對於這種高科技且倚重個人能力的公司而言，每流失一位程式工程師，都是公司資產的嚴重損失。
>
> 而整個諮詢案，我們只提出了一個改進措施：增加每個工作人員之間隔板的高度。
>
> 因為這群工作者在工作狀態中，都以高 C 的特質為主導：講求邏輯、精細和規則。
>
> 他們會在心理上尋求更為獨立自由的空間，增高間隔彼此的隔板，讓他們有能安靜思考的獨立空間，並且藉此更從容面對工作中的衝突。
>
> 諮詢案完成半年後，我們對他們進行調查，發現員工滿意度提高了二十多個百分點。

3. 匯報工作

　　超音波室裡，病人埋怨道：「歐小姐，妳總是用這種眼神看著我。妳跟妳男朋友在一起的時候，妳是不是眼神會溫柔一點？」

歐小姐拔起藥劑:「張先生,你要我溫柔,還是要你的報告準確?」

病人不知死活地笑道:「溫柔。」

病人又說:「我感覺妳心裡有很多問號。」

話音未落,歐小姐就用藥劑在他的肚皮上畫了一個問號,隨即她狠狠地用儀器在他肚皮上來回揉搓:「糟糕,膽固醇指數太高;大腸第二段變形;左邊的肝臟大面積有點過分硬化;胃壁九點鐘的方向略浮腫;更糟的是你吃了太多的營養素,影響你的頭皮,細胞開始萎縮,脫髮的遞增率是每月 0.125%,一個星期為一個週期,速度遞增率為 2.4 倍,一年之後你將開始禿頭⋯⋯」

病人忍受不了了:「好好好,停吧。明白。」

我覺得你心裡有很多疑問。

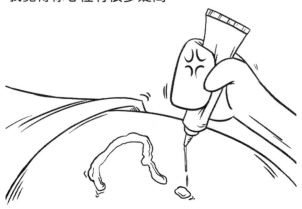

糟糕，膽固醇指數太高；大腸第二
段變形……一年之後你將開始禿
頭……

小提示：

C 型人的工作：C 在工作上追求專業，一律用數據說話。

當病人企圖在私人生活上和歐小姐拉近關係時，歐小姐問他：「你要我溫柔，還是要你的報告準確？」這是 C 型人已經在表達憤怒了。C 是有自己的內在標準的，和他們相處，一定要把握好界線。

　　C 型人用反問句的時候常常就是在表達憤怒。判斷他是真的憤怒還是在問問題的關鍵就是，這個問題有沒有答案。更準確地說，這個問題在他那裡有沒有答案？有。當然是報告準確。

　　請注意，C 有內心對話的習慣。C 特質很高的人，腦海裡有幾個 CPU 同時在轉，要內心對話一陣子才會把自己抽出來應對你。S 反應慢是因為他怕得罪人，而 C 是因為心裡有好幾個人在對話。C 聽不聽得到別人講話？聽得到，但不一定聽得進去，而且即使聽到了也不會直接給予回應。在影片中，當病人說她心裡有很多問號的時候，她下意識地就畫了一個問號。這表示了旁人講話其實對她有影響，我們還是可以透過話語來拉近彼此的。歐小姐羅列了大量數據，而且很擅長從負面角度去講，就是要讓病人害怕。其實，如果這個病人深入地問一下，比如「這種情況在我這個年齡層出現的比例是多少」、「有什麼預防措施」，多了這些互動，他會發現自己的狀況並不是真的像 C 說的那麼糟糕。

　　遇到 C 的員工你怎麼辦？

　　一是，把個案變範例；二是，控制思考的方向。

　　同樣地，C 在公司裡也會不自覺地傳達負面情緒，因為他傾向於關注負面訊息。身為管理者，不用怕他專講一些對公司不利的話，只需要學會這兩招。

　　首先，把個案變範例，擴大他的視野——「是的，這個產品的投訴率很高，但同行的投訴率通常又控制在多少呢？」

　　再者，控制思考的方向，提醒他換個角度去思考——「是的，非常感謝你的提醒。但我們要如何才能解決這個問題呢？」既然 C 傾向於看到不好的一面，我們可以引導他把精力放在方案上，以精益求精。

現在開始掃描你的前列腺。我會碰到你的恥骨，會有點痛，你不要介意。

我覺得你沒有男朋友，而且你心裡很壓抑。

啊——

4. 面對壓力

儘管病人已經感受到歐小姐的「惡意」，但他仍多嘴補充道：「我感覺妳沒有男朋友。」

（鏡頭特寫：歐小姐左手因憤怒而握緊拳頭）

「我感覺妳心裡很壓抑。」

歐小姐拿起一個碩大的鐵鉗說：「現在開始掃描你的前列腺。我會碰到你的恥骨，會有點痛，你不要介意。」

歐小姐比劃了一下鐵鉗，繼續說道：「待會我還要檢查你的肛門。」說著，鐵鉗開合了一下，發出恐怖的金屬摩擦聲。

「哦，用這個？」病人驚恐地問道。

「對啊，看你還有什麼感覺。」說著，鐵鉗又開合了幾回。

「翻過來！」

病人無奈地翻身。歐小姐挺直地坐著，「辣手」一動，病人發出慘叫：「啊──」

小提示：

C 型人面對壓力：他們最不會和平化解壓力。D 遇到壓力會提醒自己專注於工作；I 遇到壓力會插科打諢，矇混過去；S 遇到壓力會含著眼淚默默忍受；而 C 呢，他們會用自己最強硬的手段抵制壓力來源。

C 是追求完美的，對別人的要求很高，對自己的要求更高。對別人要求高，就不容易讓人親近；對自己要求高，就不容易快樂。

5. 如何與高標準、高要求的 C 相處呢

跟看上去很難相處的 C 相處，有以下原則需要注意：

(1) 與 C 保持距離。

　　C 的防範意識強,過於親近會讓他懷疑你在刻意拉近關係,圖謀不軌。你應該給他一個安全距離,從容評估你的危險性,否則他可能會採取激烈的方式來對抗你的企圖心。留給 C 一些空間吧。

　　(2)用數字說話。

這個……

有證據嗎?

　　在向 C 匯報工作的時候,有意識地避免「我認為」、「我確定」、「毋庸置疑」這類話語,C 對這些話會習慣性地懷疑:「憑什麼?你有證據嗎?」說服 C 最好的方式是羅列數據和引用權

威的話，引用別人的話，也必須是權威的。

例如，你莽撞地走進他的辦公室說：「老闆，下面的員工反映，這次的產品調整受到很多客戶強烈投訴，怎麼辦？」

C 會直接反問你三個問題：第一，是誰反映的（他要評估這個人的可信度）；第二，有多少起投訴；第三，所謂的「強烈」是指多強烈，有什麼具體的表現？所有形容詞到 C 這裡都會被打折扣，只有準確的數據才會加分。

（3）讓他說話，了解他想法。

向 C 推銷一個產品、方案或看法時，最佳選擇是引導他先談自己的看法。在 C 的心裡同時有幾個 CPU 在轉，轉速超快的腦子加上極強的邏輯性和龐大的資料庫，要在雞蛋裡面挑骨頭可謂是輕而易舉。你說得太多，很容易會讓他進入一種「找碴」的心態，接著就會覺得你漏洞百出，失去對你的信任。因此先讓他說，然後根據他的觀點，你再做補充和發展，掌握主動權。

（4）善用比較法。

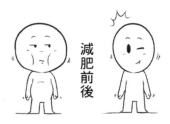

C 認為透過比較而得出的結論最接近事實真相。因此，上比下比，找他身邊人來比，這些都是讓 C 接受的技巧。

每個人都有死穴

在覺得對方不妥的時候，不妨多點理解和幫助。

聽火車

一位夫人打電話給建築師思考者 C，說每當火車經過時，她的床就會搖動。「這簡直是無稽之談！」思考者 C 回答說，「我來看看。」

C 到達後，夫人建議他躺在床上，體會一下火車經過時的感覺。

C 剛上床躺下，夫人的丈夫就回來了。他見此情形，便厲聲喝問：「你躺在我妻子的床上幹什麼？」

C 戰戰兢兢地回答：「我說是在等火車，你會相信嗎？」

頓悟：

　　一個高 C 在面對突然變化或衝突時，可能會因為不夠靈活而陷入困境。明明隨便撒個善意的謊言就能擺脫困境，C 卻講求原則，太堅持「實話實說」。有些話是真的，但聽上去很假；有些話是假的，卻毋庸置疑。

取暖

　　指揮者 D 和思考者 C 同乘一個車廂去旅遊，悶騷的 C 想趁機和女朋友親熱一下，他脫衣坐下後就抱怨身上發冷。指揮

者 D 把自己的毯子給了他，他還是不停地說冷。

「我還能怎麼幫你呢？」指揮者 D 不耐煩地問道。

「我小時候媽媽總是用自己的身體幫我取暖。」

指揮者 D 怒了：「我總不能跳下火車去找你的媽媽吧？」

頓悟：

高 D 非常專注於目標的達成和問題的解決。凡事都直接來，只看事情不看人的做事態度，也會讓他陷入「不靈活」的狀況。但相比之下，C 卻喜歡用暗示的方式來尋求彼此的默契。

喝湯

麥克走進餐館，點了一份湯，服務員 S 馬上端了上來。他剛走開，麥克就嚷嚷起來：「對不起，這湯我沒法喝。」

　　S 重新給他上了一個湯，他還是說：「對不起，這湯我沒法喝。」

　　他只好叫來經理。

　　經理畢恭畢敬地朝麥克點點頭，說：「先生，這道菜是本店最拿手的，深受顧客歡迎，難道您……」

　　「我是說，湯匙在哪裡呢？」

頓悟：

　　服務員 S 的不靈活就在於他太在乎別人的感受，而不看事情本身。他們急於去讓別人有好的感受，而不是解決問題。一看到矛盾，就下意識想迴避。因為急於迴避衝突，往往不問問題在哪裡。

　　有錯就改，當然是件好事。但支持者 S 卻常常改掉正確的，留下錯誤的，結果是錯上加錯。

爬樓梯

我們可以一邊爬樓梯，一邊輪流說笑話、唱歌。

　　社交者 I 一行人到紐約度假，他們在一個高層賓館的第 34 層樓訂了一個套房。

　　某天晚上，大樓電梯出現故障，服務員安排他們在大廳過夜。

　　他們商量後，決定徒步走回房間，並約定輪流說笑話、唱歌和講故事，以減輕爬樓梯的勞累。

　　笑話講了，歌也唱了，好不容易爬到第 34 層，大家都感

覺精疲力竭。

「好吧，社交者 I，你來講個幽默的故事吧。」

社交者 I 說：「故事不長，卻令人傷心至極：我把房間的鑰匙忘在大廳了。」

頓悟：

I 是樂觀、歡樂和幽默的，但卻常常因為忽略重點而不得不品嚐苦澀。即使是最靈活的 I 型人，沒有解決好事情時，也會陷入困境。

穿錯

飯廳內，支持者 S 膽怯地碰了碰指揮者 D，指揮者 D 正在穿一件大衣。

「對不起，請問您是不是 S 小姐呢？」

「不，我不是。」指揮者 D 回答。

「啊，」她舒了一口氣，「那我弄錯了，我就是她，您穿了她的大衣。」

頓悟：

S 天生傾向於迴避衝突，「理直氣壯」對他來說並不是件容易的事情。理直的人，往往低聲下氣；而無理的人，卻是比誰都要大聲。

回電

　　朋友去倫敦，想順便探望另一位老朋友托馬，但卻忘了他的住址，於是向思考者 C 發了一份電報：「您知道托馬的住址嗎？速告。」

　　當天，他就收到一份加急回電：「知道。」

頓悟：

　　C 有時候會說些正確卻無用的廢話，只說事實而不問對方需求。當我們終於找到最正確的答案時，卻發現它是最無用的。

賣書

　　一個很有名的作家要來書店參觀。書店老闆 I 受寵若驚，連忙把所有的書撤下，全部換上作家的書。作家來到書店後，心裡非常高興，問道：「貴店只售本人的書嗎？」

　　「當然不是。」老闆 I 回答，「別的書銷路很好，都賣完了。」

頓悟：

　　I 一心想標新立異，讓人側目。至於結果如何，他向來不是很在乎。比如「拍馬屁」，他的考慮點不是讓別人感受好，而是讓別人記住他。在 I 這裡，「拍馬屁」是個奇怪的詞：既像是在奉承別人，又像是在侮辱別人。

幫忙

在郵局大廳內，一位老太太走到指揮者 D 跟前，客氣地說：「小姐，請幫我在明信片上寫上地址好嗎？」

「當然可以。」指揮者 D 按老人的要求做了。

老太太又說：「再幫我寫上一小段話，好嗎？謝謝！」

「好吧。」指揮者 D 照老太太的話寫好後，微笑著問道：「還有什麼要幫忙的嗎？」

「嗯，還有一件小事。」老太太看著明信片說，「幫我在下面再加一句『字跡潦草，敬請原諒』。」

頓悟：

D 做事，一向只要結果不看細節，對於品質的要求，常常有點馬虎。如果你不肯幫忙，人家會恨你一個星期；如果幫得不夠完美，還不如……

每種特質都有被人痛恨或哭笑不得的理由，而通曉和管控，則是我們在溝通中提高效率的必備意識。可能只是多一句提醒，多一點理解，便能少一點口舌，省一些精力，得到好一點的結果。點滴之間，團隊默契便能引領我們更快地走向成功。

趣談十二星座

火相星座：指揮者 D 友情出演
精力充沛，情緒易爆發，氣場強大

牡羊座：D+C
她要決定權

射手座：D+S
她要方向對

獅子座：D+I
她要有面子

風相星座：社交者 I 友情出演
思維發達，能說會道，變幻莫測

雙子座：I+C
他要有創意

天秤座：I+S
他要和諧

水瓶座：I+D
他要有主見

水相星座：支持者 S 友情出演
溫柔寧靜，細膩感性，貼心周到

天蠍座：S+D
她要乖巧聰明

巨蟹座：S+C
她要忠誠貼心

雙魚座：S+I
她要真心實意

土相星座：思考者 C 友情出演
謹慎冷靜，腳踏實地，固執保守

摩羯座：C+D
他要地位

金牛座：C+I
他要境界

處女座：C+S
他要品質

趣談十二生肖

鼠：C高S低＋
牛：S高C低
敏銳＋毅力
遠離小聰明，學會大智慧

虎：D高C低＋
兔：C高D低
勇敢＋謹慎
膽大心細，而非魯莽／懦弱

龍：D高I低＋
蛇：I高D低
剛猛＋柔韌
兼顧原則和彈性

馬：D 高 S 低 ＋
羊：S 高 D 低
主動＋耐心
勇往直前，也要審時度勢

猴：I 高 S 低 ＋
雞：S 高 I 低
靈活＋恆定
有變通，但也能持之以恆

狗：C 高 I 低 ＋
豬：I 高 C 低
忠誠＋隨和
對事堅持，對人包容

第四章
聚沙成塔的力量：
古今團隊案例分析

只盯著前面的米，也許你
就忽略了路邊的黃金。

　　無論是經營事業還是經營人生，我們都知道要用好自己
的「員工」，他們可能是你的父母、妻兒、朋友，也可能只是
樓下看門的警衛，甚至是你自己。團隊的力量有一部分源自
1+1+1>3 的增益（配合他人，完成團體），另一部分要看有多
少人肯為你的目標出力，出多少力，怎麼出力。

　　對於力量，古人理解得相對簡單：那就是力氣——我可以
對環境因素所施加物理影響能有多大。

　　對現代人而言，力氣只占微乎其微的一部分，更重要的是
你調動資源的能力，換種說法就是你的能量有多大。

　　按照某種理論：你的身價，是你身邊最親密的五個「夥伴」
的平均值。

　　提升自己有兩個常見的途徑：第一是踩在別人的肩膀上，
不斷地換掉身邊的五個人；第二是帶著身邊人一起增值和提
升，彼此用好對方的力量，成就共同的事業。

　　先不對對方進行道德的評判，無論哪一種人，首先要做的
就是「看懂」身邊的人，讓他願意和你一起奮鬥。

　　所謂認識，只是知道一個人的名字，而看懂一個人才能真正帶來生產力。

　　「老闆」的注意力在哪裡，生產力就在哪裡。

　　你願意花多少時間和心思在他們身上，他們便願意對你付出多少。習慣就事論事的你，有沒有開始注意「人」呢？千萬別為了前方的稻米，而忽略了身邊的黃金。

　　所謂的「借力」，有時候對方不一定與你有交情，但卻能夠為你所用。

　　其實生活中我們經常會利用到團隊的力量，而完全不自知。

　　衣食住行，我們樣樣都離不開別人的配合。

人生處處競爭，難免組團打怪

　　買衣服或者買菜，我們經常為了殺價而扮演不同角色，還會團購；出去吃飯，可能會併桌；租房子有可能會合租；旅遊時參加旅行團或者聯絡幾個旅伴；就連捐錢，我們都會透過一些慈善組織，保證自己捐出的錢會經過正當的管道，真正落實。

團隊無處不在

　　最厲害的是，一家三口，只要能爭取到第三個人的支持，就意味著你取得了「一面倒」的勝利。

　　在一家公司，身邊的人，不管是同事還是上級，都是你的團隊。如果能善用團隊的力量，工作就能獲得事半功倍的效果。

　　從古到今，那些為人所稱道的豐功偉績，都少不了一個卓越的團隊。

漢代第一團隊

漢武帝劉邦成就了一個輝煌時代，也是第一位擁有自己年號、威揚四海的皇帝。江山代有奇人出，為何只有他能獨領風騷呢？

因為在他麾下，擁有性格迥異的各種人才。

汲黯篇

汲黯在歷史上是一個很著名的「神人」，用現在的一個詞形容他就是很「酷」。

1. 擅作主張

有一次，南方越族的兩個部落打群架，漢武帝命令汲黯前去了解情況。汲黯中途走到吳縣，又折回來，煞有介事地對漢武帝說：「這種小事，我們根本不應該去理會。抓大放小，我們應該把有限的精力放在大事業上。這次我們理會了，以後這種麻煩就將源源不斷。」

這並不是他唯一一次擅自幫君主下決定。還有一次，河內郡發生火災，據聞非常嚴重。於是漢武帝叫汲黯去視察。汲黯這回倒是很聽話，乖乖地去了。過了一段時間後，汲黯終於寫信回來：「報告皇上，火災的事情不用擔心。一戶人家鍋裡煲著湯，一時沒看好，就燒了起來。但另外還有一個更重要的情況，我經過河南郡的時候，發現那裡的老百姓飽受水災所苦，災民無家可歸、流離失所，甚至發生人吃人的恐

怖事件。情況迫在眉睫，我就自作主張，代表您頒了一道聖旨，命令當地糧食局打開倉庫，發放救濟糧。這是不得已為之，臣願承擔後果。」

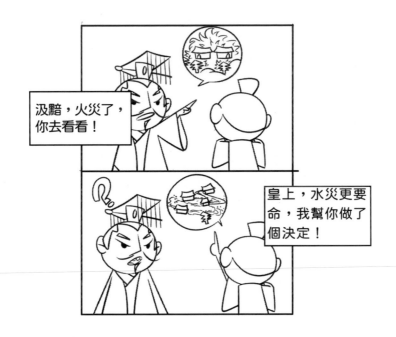

　　像汲黯這種人，他做事一心為了快速達成目的，往往能推動一些事情盡快解決。但他眼裡只看到事情本身，卻看不到人與人之間的互動藝術，經常氣得漢武帝想把他就地正法。

2. 痛斥皇帝

　　匈奴渾邪王率眾來歸降漢朝，漢武帝下令征發兩萬輛大車去接他們。長安府沒錢，於是向老百姓借馬，老百姓就把馬藏起來，結果馬沒有湊齊。漢武帝大怒，想殺了長安令，

人都押到了法場。汲黯聽聞此事，拍案而起，他衝到漢武帝面前說：「那匈奴之前屢屢挑釁，現在他們被打敗了，跑來投降，最多讓一個縣官去應付一下就好，何必令天下騷動？掏空了國家，只為了去侍奉夷狄之人？」

這一番話，讓漢武帝心裡很不爽。不過，他還是堅持要「裝闊」。到渾邪王真的來投降的時候，長安百姓與商家藉口「觀看朝儀」，實行罷市的抗議，這是一次很大的社會動亂，其後遭到漢武帝的殘酷鎮壓，抓了 500 多人準備正法。

汲黯當時正患病在家，連忙讓人抬著他去見漢武帝，說：「漢匈連年交戰，死了多少人，花了多少軍費？皇上您不把投降的匈奴人發配給死難者家屬做奴婢也就罷了，反而拿國庫裡的錢賞賜他們，徵召良民侍奉他們，把他們寵得像天之驕子一樣。如今還要殺掉犯法的這 500 人，簡直得不償失。」漢武帝又是照例沉默不語，偷偷在背後發牢騷：「很久沒聽到汲黯說話，如今又開始胡說八道了。」

這一番話，真正觸及了漢武帝的痛處，結果差點就殺掉了汲黯，但當時正逢「大赦」，漢武帝免了汲黯的官，汲黯於是歸隱田園。

東方朔篇

說書唱戲勸人方，
三條大路走中央，
善惡到頭終有報，
人間正道是滄桑。

東方朔相聲專場

　　東方朔，他在漢武帝手下時，以幽默滑稽的諫言而著稱。說起他的神奇事蹟，不勝枚舉。但是歷史學家班固卻認為，其中大部分事蹟都是東方朔本人自己愛吹噓，在街頭巷尾哄著一群孩童玩時捏造出來的。而這些孩子們呢，又興致勃勃地為他宣傳。從這點上說，東方朔對於推動相聲藝術的發展的確有所助益。

1. 戲諫皇帝

　　漢武帝有段時間醉心於研究長生不老之術，臣子雖有不滿，但漢武帝屢勸不聽（總不能直接跟他說「您就放棄吧，遲早都要死」）。

　　有一次，漢武帝對大臣們說：「我覺得《相書》上有一句話是很對的，『人的人中如果長一寸，就可以活到一百歲』。」

下面肅立兩邊的文武官員都像雞啄米似的點頭稱是，只有東方朔哈哈大笑起來。漢武帝面露不悅之色，問：「愛卿為什麼要笑，難道朕說得不對嗎？」

東方朔搖頭說：「我哪裡是笑陛下呢？我是笑彭祖面長！」漢武帝不解地問：「彭祖面長有什麼好笑的呢？」

東方朔說：「傳說彭祖活到八百歲。如果《相書》真的很準的話，那麼彭祖的人中就應有八寸長，而他的臉就該有一尺多長了。想到這兒，我怎麼能忍得住不笑呢？」

漢武帝一聽，也不禁大笑起來，意識到自己的確是有點荒謬，此後追求長生不老的行為也有所收斂。

從這些記載中，我們也可以看到東方朔這類人的性格特點，那就是他們很善於製造歡樂和諧的氣氛，從而化解矛盾，但偶然也會做出一些不可靠的事情。

2. 浪漫不羈

歷史記載東方朔一年娶一個老婆，而且在這一年之中，對一個老婆愛得死去活來。下一年呢，又換一個。《史記‧東方朔傳》記載：「取少婦於長安中好女，率取婦一歲所者即棄去，更取婦。所賜錢財，盡索之於女子。」他這麼快樂地度過了一生，但終其一生，並沒有轟轟烈烈的政績，官位也並不高。朝堂裡的官員都非議他「說的比做的多」。

東方朔臨終時，規勸漢武帝說：「希望陛下遠離巧言諂媚的人，斥退他們的讒言。」漢武帝由此嘆道：「如今回過頭來看東方朔，不也僅僅是善於言談嗎？」過了不久，東方朔病故。

衛青篇

都是大家的功勞

衛青應援團

若論漢武帝時期最具分量的重臣，衛青當之無愧。軍事上，上至李廣這麼征戰多年的老將，下至普通士兵，都由衷地叫他一聲「大將軍」；政治上，他是國家的支柱，是僅有的幾個能影響漢武帝決策的人之一；人格上，他為人低調謹慎，不但永遠不會引起皇帝的猜疑，甚至皇上都怪他和自己不夠親近。衛青的優點可以總結為：有真才實學，低調又謹小慎微，不居功自傲，極力扮演好自己的角色。

有幾件小事可以看出衛青的性格特點。

1. 寬容謙虛

衛青的聲望如日中天的時候，三公九卿以及屬下都對衛青躬身奉承，只有汲黯用平等的禮節對待衛青。有人勸汲黯說：「朝野上下的群臣全都居於大將軍之下，大將軍地位顯赫，您必須下拜。」汲黯說：「以大將軍的身分而有長揖不拜的平輩客

人，大將軍難道就不尊貴了嗎？」衛青得知，越發覺得汲黯賢能，多次向汲黯請教國家和朝廷的疑難大事。而衛青這麼做也反而使他自己從此更加受人尊重。

2. 謹慎穩妥

在一次衛青率領的戰役中，右將軍蘇建和前將軍趙信與匈奴打了一場遭遇戰，漢軍死傷慘重。蘇建突圍逃回，趙信本是匈奴降將，兵敗後就又回到了匈奴。

在討論如何處置蘇建棄軍而逃的罪過時，有人建議將他斬首以建立大將軍的威嚴，有人認為蘇建是盡力而戰的，不應斬首。衛青認為自己身為皇親國戚，沒有必要再建立威嚴；自己本有權力可以處決部將，卻不能擅自斬殺。他要做一個身為人臣不專權的榜樣，於是把蘇建用囚車送回長安由皇上處理。漢武帝赦免了蘇建的死罪，令其繳納贖金後貶為平民。

3. 寵辱不驚

後來，漢武帝對霍去病恩寵日盛，霍去病的聲望超過了他的舅舅衛青，過去奔走於大將軍門下的許多故舊都轉到霍去病門下了。衛青門前頓顯冷清，他卻不以為然，認為這也是人之常情，心甘情願地過著恬淡平靜的生活。霍去病與舅舅衛青的關係一直很親近。

衛青謹慎寬厚的性格固然成就了他一代名臣的聲望，但同時由於他平素不愛跟國君親近，很少評論朝政，在沒有戰爭的年代，便漸漸被漢武帝所遺忘，逐漸退出政治舞臺。

張湯篇

漢武帝時期，儘管國家看上去一派祥和，但實際上當時對外與匈奴連年征戰，在內是外戚與重臣之間殘酷的傾軋鬥爭，政治局勢布滿陰霾。嚴官酷吏在漢武帝手上，是非常重要的工具。當時最著名的酷吏是張湯和趙禹。

1. 幼年審鼠

司馬遷在《史記‧酷吏列傳》裡記載了一件發生在張湯幼年時的事。

小時候，張湯看守的肉被老鼠偷了，父親大怒。

張湯想辦法抓到老鼠，並開設公堂審理。

張湯出生於法治之家，他的父親就是當時長安的法治官。有一天，他父親發現廚房裡的肉被老鼠偷了，於是責怪張湯看管不力，用竹條收拾了年僅幾歲的小張湯。倔強的小張湯當天掘地三尺，硬是把偷肉的老鼠抓住，找回了肉。這還不算，他並非出口惡氣把罪魁禍首老鼠一殺了之，而是一本正經地自

設公堂，傳布文書，刑訊定罪，最後宣讀判決，將老鼠處以極刑，磔（音同「節」，古代一種酷刑，把肢體分裂）於堂下。擔任公職多年的父親見到這一情景，大為驚訝，從此發現了張湯的天賦，讓他擔任助理，專寫司法文書。

2. 建立法治

張湯最大的貢獻就是根據漢武帝政治的實際需求，和趙禹共同制定、修改各種國家律令。他律令的共同特點是「務在深文，拘守職之吏」，即務必使法令嚴峻細密，對任職官吏尤為嚴格。這使得文景盛世以來寬厚立法的趨勢被逆轉，漢法的發展從此苛化。此外，張湯上書請求選派儒家博士為廷尉史，輔助自己辦案，從此獄吏斷案，多應朝廷旨意，附會古人之義，史稱為「春秋決獄」。這既促進了法律儒家經典化的過程，也是兩漢經學的開始。後來張湯又負責鑄造錢銀，監控鹽鐵，用無懈可擊的管控鞏固漢武帝的統治。

3. 張湯之死

因為張湯執法過於嚴格，結怨太多，最後他也成了漢武帝平衡各方力量的犧牲品。趙王劉彭祖率先指控張湯與其下屬魯謁居合謀危害國家。本來只是一件小事，但由於張湯一貫嚴苛不遜，凡事不留餘地的為人處事風格，導致丞相府的三位長使趁機報復，聯名申告。最後魚死網破，張湯自盡。

值得一提的是，張湯死後，家中一貧如洗。他的母親更是故意不為他置辦好的棺材，她說：「張湯身為天子的忠臣，卻被汙蔑而死，怎能厚葬？」天子聽說以後，感嘆道：「這麼得理

不饒人的母親才能生出那樣的兒子啊。」心下內疚，於是誅殺了三長使，賜丞相自殺。

　　一方面，張湯雖然從政數十年，一度掌控全國財政大權，但從不貪汙索賄，以致家中如此清貧，真是難能可貴，在這一點上足為廉潔表率。

　　另一方面，他的不懂變通惡化了團隊內部的矛盾，甚至死後也沒放過團隊中人。這是思維縝密、嚴守信條的人缺乏彈性走向極端的一面。

　　值得一提的是，張湯的好友，同為酷吏的趙禹在張湯死後，吸取了張湯的教訓，一改以往「殘酷」作風。晚年他奉行「治加緩，而名為平」，在一片酷吏的殺罰聲中反而有了「據法守正」的好名譽，也得享天年，終老於故土。

　　名臣汲黯敢公然違抗君命，在他眼裡，只有客觀事實，沒有人情世故和規矩。

　　相聲的祖師爺東方朔一生都以譁眾取寵的方式來影響天子，笑聲中的諷刺，看似輕鬆卻又飽含深意。

　　儘管沒有霍去病單騎挑營那樣的英雄傳奇，但衛青仍然以其與戰士同甘共苦的品格和用兵的高安全性而成為漢代士兵心目中不可撼動的唯一「大將軍」。

　　張湯 5 歲已經展露出嚴格執法的天性，一絲不苟的工作和清廉的作風卻換來了「酷吏」的名聲，這與他性格中過於「僵硬」，只有規則、缺乏彈性不無關係。

　　如果我們回憶一下前三章的內容，不難發現，其實汲黯頗有指揮者 D 的那種強勢，連皇帝都不放在眼裡；東方朔的喜劇天賦和戲劇性不遜於社交者 I；衛青就像支持者 S 一樣穩健，並且奉獻；張湯如思考者 C 一般堅守原則。

　　漢武帝所用之人，大體可以分為四類：一是名帥良將，以衛青、霍去病、霍光為代表；二是謀臣策士，以主父偃、董仲舒、公孫弘為代表；三是嚴官酷吏，以張湯、趙禹為代表；四是諫臣諍臣，以汲黯、東方朔為代表。這是從功用上來區分的。

　　這些成員同時又在歷史上以各自鮮明的性格而留名。

　　從成員性格來看這個團隊的組成，又可以分成另外四類：

　　一是嚴肅果敢型，如強硬派諫臣汲黯，內控專家董仲舒（正是他強勢推行「罷黜百家，獨尊儒術」）；

　　二是冒險活躍型，如滑稽的學者東方朔、能詩善賦的大文學家司馬相如、勇於冒險的「西域第一使節」張騫以及速戰速決的「戰神」霍去病；

　　三是老成持重型，比如「第一重臣」衛青，以中規中矩的用兵以及寬厚謹慎的為人，成為朝堂的主心骨和定心丸；

　　四是嚴謹縝密型，如詭計多端的主父偃、律例嚴苛的張湯和善於理財的桑弘羊。

　　這四種類型的人各有長短，在不同時期的不同領域都能發揮自己的獨特作用。

現代「第一團隊」

我們的夢想是……

複雜的事情要用複雜
的程序來解決，縝
密、縝密……

一年兩千萬，
兩年八千萬，
三年……

要低調，
要低調！

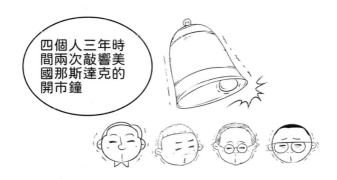

四個人三年時間兩次敲響美國那斯達克的開市鐘

　　其實我們歷代都不乏像漢武帝那樣高效率的團隊，它們都是能左右歷史的，在君主集權下，集政治、軍事、經濟於一體的組織。而在當今全球一體化、自由競爭不斷深化的商業戰場上，有更多的競爭機遇和不可控因素考驗著每一個團隊。眼下中國已經是世界中心之一，受到矚目的企業不勝枚舉，企業家巨星也是非常多。但有四個人一直在中國企業界中有著特殊的江湖地位。十年前，他們在三年時間內先後把兩家公司做到在紐約那斯達克股票交易所上市，被稱為中國的「第一團隊」。

　　有這樣的四個人一起出來打拚事業：一個是能言善辯、極富行動力的創業家，一個是野心勃勃的銀行家，一個是思維縝密的電腦工程師，一個是循規蹈矩的國營企業經理。這四個人，組成了江湖傳說中的「第一團隊」。

　　他們的名字也許不一定家喻戶曉，但是提及他們創辦的兩家企業，大家一定都不陌生：攜程網、如家連鎖酒店。四個合作者在三年的時間裡把這兩家公司做到在那斯達克上市，這個輝煌的紀錄儘管已經過去很多年，但至少在今天我下筆之前，還沒有被任何團隊、任何英雄超越，他們「第一團隊」之美譽，當之無愧。

如此輝煌的戰績，只是因為他們善用團隊力量，在不同階段發揮了不同團隊成員的優勢。

談什麼商業模式，說說我的創業故事吧！

如果四個人一起來創辦一家公司，只有你一個人是全職，其他三個人是兼職，在這樣的情況下你還願意一起來創業嗎？

公司做起來，眼看馬上要上市的時候，整個管理層提出一個要求：為了適應變化，你必須要從 CEO 的位置上下來。請問這種情況你會接受嗎？

這兩件事情就同時出現在一個人身上，他叫季琦。

季琦是一個非常能言善辯的創業者。他先創立了攜程，當攜程上市之後，又開始跑到北京去創辦如家。如家上市之後，他成立力山投資公司，並建造了 X2 創業園區和漢庭連鎖酒店。由此可見，「創業」這個東西是他最大的專長。

季琦很有熱情，能把所有人都拉過來，組建成一個團隊。在初級階段，企業發展大都是從沒有模式開始，殺出一條血路的。有人採訪季琦：「攜程的商業模式是什麼？」季琦說：「談什麼商業模式，聽一聽我的創業故事吧。」對於季琦個人而言，創業要著重於人。如果公司持續經營的話，他就有機會用

源源不斷的創意帶領這家公司創造各種新聞傳奇，但是不一定能帶領公司穩定地實現升級和擴大。

改進流程後，光電話費就省了幾百萬元！

公司什麼模式都沒有，團隊裡需要有人把旗子豎起來。可是，當公司發展到一定規模的時候，對於組織的條理性、模式的邏輯性以及體系的力量要求就會逐漸變得迫切。

這時候另外一個人的作用就突顯出來了。這個人叫梁建章，聰明絕頂的梁建章十五歲就已經考入復旦大學，曾在美國著名的甲骨文軟體公司就職，是絕對符合現代標準的職業菁英。

正是他開啟一個首創，把 ISO9000 直接從生產性行業放到服務性行業上，並且為攜程中一線服務人員制定了 34 項定性定量項目評估指標，在每週管理例會上評估，實現了高標準、高要求。同時實現攜程接電話平均每個電話由 240 秒硬生生降到 180 秒。這意味著什麼？以前企業要花費 400 萬元的電話費，現在只需要多少？ 300 萬元！省下了 100 萬元。

此外從管理成本的角度，管理 300 人的難度跟 400 人的難度，就是 3 倍跟 4 倍的關係，甚至遠遠不止——別忘了他們彼此之間還要溝通互動。

降低成本是企業營運獲得優勢、在競爭中能夠獲勝的關鍵所在。攜程、如家的精細化管理和營運是強大的競爭優勢。

梁建章最厲害之處在於設計和運用體系。可是抱歉，雖然引入了體系，建立了一定的商業模式，要在商場上實現功成利就還需要努力呢。

當這一套無法再繼續將企業效益放大的時候，團隊中另一個成員的作用就開始占據主導地位。這個成員引入了資本模式，他就是沈南鵬。

沈南鵬有在華爾街工作八年的經驗，他在團隊裡就只思索資本運作和收購的事情，先是拉些小錢進來，再用這些錢收購行業中做得比較好的同行。然後綜合指標一提升，訂房訂票合在一起變第一，做出讓華爾街很喜歡的報表，一下子就上市了。然後幾個原始股東都開始轉讓股份，大筆的資金迅速流入口袋。

沈南鵬是一個目的性很強又直言不諱的人。他被媒體廣泛傳播的最有名的兩句話：

第一句話是：「我做公司的第一天就要把它賣掉。」

第二句話是：「攜程和如家做得最對的一件事情就是請走季

琦，不讓他當 CEO。」

沈南鵬做事之果決，是成就攜程和如家傳奇的一個關鍵。

攜程上市之後，以上這三個人都陸續賣掉了手上持有的股份，轉向其他目標了。這時，誰來長久地主持攜程的大局呢？

我願意在攜程待一輩子！

這個人叫范敏。「千里之行，始於足下。」范敏有在酒店工作十五年的經驗。他認為旅遊行業是一個偉大的行業，是一個值得穩定下來耕耘的行業。他說：「我願意在攜程待一輩子！」

看看上述沈南鵬和范敏兩個人的不同之處：沈南鵬是做企業的第一天就要賣掉它，變現越快越好，賺錢越多越好；范敏是願意在這裡待一輩子，待越久越好，公司越穩定越好。小人同而不和，君子和而不同。季琦、梁建章、沈南鵬、范敏這四個人性格特質各異，他們在企業發展的各個階段，扮演不同的角色，發揮不同的作用。

我們可以看到在這個團隊運作過程中，雖然每個人身上都有DISC 的四種特質，但又各不同：

季琦真的很好地應用了 I，為了夢想始終充滿激情並有效地調動他人，激勵團隊；

　　梁建章用自己的 C，為企業建立規範和系統，讓企業的卓越可以被複製；

　　沈南鵬清醒地利用自己的 D，帶領企業贏得短程賽跑；

　　而范敏則用好了自己的 S，帶領企業穩步踏上馬拉松的征途。

　　風雨同路，只因能夠彼此包容。

　　博大的胸襟猶如一把大傘，麾下的多元化因素可以平衡地共存，並且清楚他們的優劣，能夠有效地溝通、適時地調用。

　　對於每一個企業管理者來說，你要思考的問題是：

　　你有沒有能力辨識出多元化人才；

　　你有沒有辦法把他們用得恰如其分。

練習：

1. 寫出你身邊關係最密切的 5 個人，並且思考：我真的了解他們嗎？
2. 寫出每個人的行為和性格特質，他們更像季琦（I）、沈南鵬（D）、梁建章（C），還是范敏（S），抑或兼而有之？
3. 你自己又更像誰或更贊同誰呢？
4. 回想一下，你曾經因為了解他人而進一步善於利用他人嗎？

　　一開始商量經營如家的是三個人，一個是季琦，一個是梁建章，一個是沈南鵬。想法是季琦提出來的，梁建章和沈南鵬都同意，范敏專注於管理攜程，便沒有參與。所以當時如家的股份只屬於三個人，就是季琦、梁建章和沈南鵬。季琦真的能力拔群，在北京王府井飯店的地下室熬了一年半，出來開了第一個店、建立了模板，然後季琦將它交給沈南鵬，策劃上市。

　　如家上市了，我們來猜猜誰的收益最大，是季琦還是沈南鵬？季琦經營起來的專案——勞苦功高，沈南鵬做的資本上市——收益呈指數型成長，那麼誰應該分到最多的錢？

　　結果賺錢最多的是梁建章。梁建章一分力氣都沒用，為什麼他依然拿著最多的分紅？原來，在如家中，梁建章和他太太投入的資金最多，因此兩人股份相加，在創業同伴中持股最多，沈南鵬則緊隨其後。梁建章夫婦在如家收益最大，這看似蹊蹺，但當初人家投資的風險也要考慮到的啊。

一個團隊只能比較但不能計較，如此才能找到優勢，彼此維持君子之交。很多時候，一開始大家同甘共苦，做到後面就吵翻天。從古到今，可以共患難不可共富貴的故事比比皆是。原因在哪裡？就在於一開始大家往往都是用江湖義氣的方式進入，最後卻總是以商業夥伴的方式決裂。因此從第一團隊身上，我們首先可以照搬、現學的是，如何設置退場的機制。用商業的方式進入，最後用江湖義氣的方式默契地退出，所謂先小人後君子。每一個重要的股東和骨幹都要有相應的退場機制，制定明確的遊戲規則，這麼就是君子的遊戲而不會變成小人的爭鬥。

用商業的方式進入，最後用江湖義氣的方式默契地退出。

儘管第一團隊這四個人的創業過程波折重重，但從來沒有人聽到過他們之間彼此指責。因為他們有個內部協議，那就是：對外絕對不能講四個人之間的事情。但是這四個人有沒有衝突呢？怎麼可能沒有！一個人講話快一點也會咬到舌頭，動作快一點，也會有打到自己的時候。只是說這個衝突是良性的或惡性的，彼此間的溝通是在說服還是在交流，這才是真正的區別。但化解衝突的基礎就是：明確的遊戲規則，以及彼此共同遵循的默契。

　　《老子》有言：「知人者智，自知者明。勝人者有力，自勝者強。」這是「知人」的道理。關於「善任」也有兩句話，第一個是選賢與能，第二個是講信修睦；意思就是，選擇賢能的人組建團隊，發揮各自所長，更重要的是組成團隊之後，大家彼此要充分溝通。

　　知人包含兩個層面，一是對自己的了解，二是對別人的理解；善任也包括兩個層面，一是把一個人放對位置，二是一群人在團隊裡有互動。那麼，想一想，攜程、如家的這四個創辦者有沒有做到？

　　現在這四個人都在做什麼呢？季琦又創立了一個新的酒店品牌叫做漢庭，一開始定位比如家高一點點，後來又做了區分，全季酒店和漢庭快捷──有看到嗎？他是一個如此狂熱的創業者，此外，他還有另一個工業園區在運作。

　　至於梁建章，由於攜程逐漸擴張，需要一個思維縝密的人來把控全局，所以攜程又把他拉回去，全盤管理。沈南鵬在做什麼？紅杉資本的合夥人，繼續操作著他愛好的資本。范敏則繼續待在攜程旅遊做總負責人，反正這是值得待一輩子的公司。大家看，每個人都知道自己的優勢和極限在哪裡，才能放

對自己的位置。

攜程的第一團隊目前的實力已經布局到全球，從酒店、民宿、短租到遊輪、租車、航空、旅遊資訊，只要你能想到的旅遊項目，都已經和攜程脫不開關係。

這四個人，其實和當年漢武帝麾下的第一團隊多少有些相似。沈南鵬的果敢決斷，不亞於汲黯（指揮者 D）；季琦的創意與胸懷，可與東方朔（社交者 I）媲美；梁建章的規範與體系，張湯（思考者 C）想必也會深表讚許；而范敏和衛青（支持者 S）一樣，都是穩守江山的人。從中我們可以看到團隊中的風格特質搭配。

圍繞團隊的性格說了很多，下面就以三大要點來概括總結。

要點一：一個團隊中包含多種性格角色。不同性格特質在團隊中發揮著不同的作用，團隊的力量來自差異性。管理者應該看到這種力量並加以培養和利用。

民間傳說裡有很多很厲害的團隊，比如「葫蘆娃兄弟」——每個人都有自己的「一技之長」，關鍵時刻便能發揮作用。

要點二：持續高效率的團隊運轉依賴明確的遊戲規則、共同的默契和穩定安全的溝通機制。因為性格、行為作風的差異，團隊成員之間很可能會出現摩擦與衝突，從而影響彼此的績效，甚至影響團隊的穩定性。管理者應該採取有效的體系來預防這些情況的出現，而不是等待一些矛盾出現後，才做出積極應對，這往往難以抵擋太大的衝擊。

最近我在處理一個具有代表性的案子。

六合公司的高管團隊有四個人，其中老大是董事長兼總裁，也就是老闆。下面三個副總裁分管不同區塊，其中張總負責人資、財務、法務等部門。

有一天，老闆直接找到人事經理小陳，跟他說：「你私底下幫我找一個新的財務總監，誰都不能跟他說，要保密。」人事經理立即執行，很快就找到候選人。但老闆轉頭不經意又跟張總講了這件事。張總勃然大怒：「小陳居然敢瞞著我？那是不是以後公司進什麼人我都管不了了？」

後來公司為了上市進行裁員，人事部門要帶頭裁掉一人，張總就大筆一揮把表現不錯的小陳裁掉了。

老闆得知後，十分生氣：「因為執行我的指令而被你報復，你這是讓我顏面無存啊，以後還有誰敢聽我的話？」

兩人本沒有實際的利益衝突，但因為一件小事，就產生不可彌補的裂痕。

細加分析，老闆在保密工作上的雙重標準為難了小陳，張總也過於緊張和心胸狹隘，但究其原因還是兩人之間缺乏明確的遊戲規則。如果老闆想越過高階主管直接調用員工時，應該遵循什麼規則呢？雙方缺乏默契和基本信任，沒有溝通到位。

如果老闆多說一句：「因為我太著急，你也忙，就直接讓小陳先處理了。也是我讓小陳先不跟你匯報的，你千萬別介意。」那麼張總即使懷恨在心，也不好再對小陳下手。

　　如果張總多說一句：「那下次再有類似情況，您還是提前知會我一聲，我希望先了解到候選人的簡歷。」那麼老闆也會接收到張總的不滿，從而有所反省。

　　經營一家公司會有無數事務，任何事都可能造成與上述案例類似的後果。因此先做好約定，或者及時補充約定，顯得特別重要。

　　要點三：在團隊中，需要基於現實狀況做出適當調整。一是根據他人特點，調整自己適應他人，在團隊中不同性格的成員之間，達成溝通的默契；二是根據工作需求，控制好自己的情緒，更好地扮演自己在團隊中的角色，而不是以天生個性為藉口，意氣行事。

前一秒被老闆罵，烏雲罩頂，後一秒見客戶立即要調整陽光燦爛。

《西遊記》中的唐僧團隊

　　比起三國時期的劉備團隊，西遊記裡的唐僧團隊更加複雜。因為他們部分團隊成員在進入這個團隊之後，為了要實現團隊的目標，而做了一些性格上的調整。從做好事情的角度來看，唐僧團隊有不一樣的探討價值。

沙悟淨是無庸置疑的 S，打破一個琉璃盞，就被貶去當妖精，但他居然就含著淚水帶著期待去了，潛水兩百年，絲毫沒有怨言。

進了團隊，也老老實實就當了個地位還不如白龍馬的挑夫，堅守崗位直到最後一刻。

老豬當選「最佳情人」獎絕不是浪得虛名，在天上敢調戲嫦娥，到地上對高老莊小姐情深一片，任勞任怨，充分發揮了一個高I的充沛情感和影響力。

進團隊之前，孫悟空是最喜歡耍威風又最蔑視權威的D，當官要做齊天大聖，一言不合就大鬧天宮，偷了仙丹還不夠，非得要踢翻煉丹爐才罷休。

唐三藏作為一個出家人，自然是慈悲為懷，每日坐定念經，就算是不小心踩死一隻螞蟻，也要內疚超渡，可算是一位出類拔萃的高 C。

但是在他們組成團隊之後，因為每個人在團隊中角色和功能的不同，有些成員就需要做出調整。

比如大徒弟孫悟空。

妖怪

在在進入團隊之後，孫悟空擔任了技術總裁的職位，負責探路、分辨好壞真假等技術性的問題，這迫使他變得更注重細節，更具有懷疑精神，也更謹慎起來，不再隨心所欲、桀驁不馴。當然，在轉變的過程中，他也嘗過苦頭。

而另一位做出改變的就是團隊的最高領袖——唐三藏。

看過電影《大話西遊》的讀者，應該記得很清楚，唐三藏本來婆婆媽媽的，飽受徒弟的欺凌。可是到了影片結尾，唐三藏卻搖身一變，成為話語簡潔有力、極具權威的 D 型領導者。

電影的這種結構並不是完全無厘頭的。

唐三藏本來只是一位與世無爭的和尚，追求的是自我修行，普度眾生。

後來因為有取經的重任在身，他必須帶領整個團隊去達成目標。這種情況下，他不得不學會堅持、推動和果斷。

孫悟空心心念念他的花果山，豬八戒吵著要回高老莊，沙和尚只知道跟著他才能夠重回天庭，只有唐三藏「一定要」達到目的，去西天取經，一直把握著方向和信念。此外，為了更順利地達成目的，唐三藏還表現出了高度的 D，為達成目的願忍辱負重——有後臺的妖怪一律照顧關係。

為什麼豬八戒和沙和尚不用做調整，而孫悟空和唐三藏就必須要呢？

其中關鍵就在於職位的高低以及職能的含金量。

孫悟空和唐三藏，在團隊中屬於中高層，自然要做出更多的犧牲和調適。而基層的那兩位，壓力小、動力也小，可以隨著自然天性走。

　　行為習慣是長期養成的，孫悟空固然被緊箍咒牢牢地限制住，但回到我們的現實生活中，若不想被時代拋在後面，誰又不是戴著緊箍咒前行呢？

　　我們再回想下，孫悟空不在的日子裡，豬八戒被暫時提拔為「大師兄」，但是因為平時就沒有為這個職位做好準備，因此力不從心，鬧出很多笑話來，甚至有時還不如沙和尚可靠。

沒那麼大的頭，
就別戴那麼大的帽！

　　因此，如果你正在埋怨自己已經很久沒有升遷，不妨先想想自己是否已經做好升遷的準備了。

　　「三個臭皮匠，勝過一個諸葛亮。」
　　沒有完美的個人，但有完美的團隊。
　　在競爭激烈的叢林中，唯一的生存法則就是善用團隊的力量。
　　但是，一群人簡單地聚集在一起只能叫「一群人」。
　　那麼，怎樣的一群人才是真正意義上的團隊呢？這並不完全取決於你們是不是同一個部門，或者是不是存在共同的利益。真正的團隊應該滿足以下三個要件：
　　1. 共同的願景；
　　2. 明確的運作機制；
　　3. 各司其職的角色分配。

一個和睦的家庭，之所以也是一個團隊，是因為它滿足以上三個要件。爸爸、媽媽、孩子，各自扮演著不同的角色，肩負著一定的義務，並且有共同的願景——都希望這個家好，重視家人的幸福感。而血緣關係又使彼此維繫在一起，同在一個屋簷下。

　　與此同時，促成一個團隊良性運作下去，又有三個重要的原則：

　　1. 頻繁的溝通；

　　2. 適當的憤怒；

　　3. 明確的遊戲規則。

　　每天晚飯的時候，很可能就是這個家庭交流溝通的重要時間。偶爾也會有爭吵，但這並不代表對立，而僅僅可能是爸爸對孩子功課的重視、媽媽對爸爸健康的關懷。而以上種種都有默契的遊戲規則，諸如父慈子孝、男主外女主內等等。

有一句話，「沙聚之邦，無以成國」，意思就是一盤散沙，成不了國家，一群散人，也不能叫作團隊。

　　除了這些眾所周知的概念外，到底有沒有具體的方法能幫助我們更深入地理解所謂的「人」，組建屬於自己的團隊，獲得屬於自己的成功呢？

人啊，認識你自己。

　　早在 2,500 年前，在古希臘德爾斐的神廟前一座石碑上就鐫刻著一行字：「人啊，認識你自己。」

　　千百年來，站在世界思想之巔的思想者們一次次地探尋著「人」之謎。然而，認識人是多麼困難，以至於我們擁有的關於人的知識是如此貧乏。盧梭曾經說過：「我覺得人類的各種知識中最有用而又最不完備的，就是關於『人』的知識。」

　　在中國，也有越來越多的學者意識到要將性格系統引入管理學中，把本來關注「事情」的科學與關注「人」的技巧方法結合在一起，以獲得事半功倍的效果。例如在最頂尖的管理學院之一——中歐國際工商學院的期刊創刊號上，首頁就是關於人類性格 DISC 研究系統的論文。

聰明如你，可能已經猜到，我要說的是——DISC，這不僅僅是一種將人群分類的理論，更是一種可以幫助我們更好地認識人的力量，也是整合團隊、發展自我的工具。

　　我們用了很多篇幅來探討四種人格類型的代表——指揮者D、社交者 I、支持者 S 和思考者 C，只是希望借用這家喻戶曉的四個人設，讓讀者更快、更通俗易懂地了解這個理論。

　　在接下來的章節中，我們會將重點放在日常工作和生活中，我們實務上可以如何去運用這種理論工具以及其他衍生的工具。但同時我要強調的是，在不同的場景中，往往有相應的處理方式，因此請大家不要妄想簡單地模仿步驟，而是應該用心去感悟其中的精髓，吸收後才能運用自如。

第五章
身在此山中：
管理情景速查

這一章我們主要討論 DISC 在職場中的應用。

前面我們提過運用 DISC 的技巧，但主軸在於「應該做」，沒有講具體「怎麼做」。

在談到具體運用時，我們經常會說「具體情況，具體分析」。在這裡，我們不能忽視「舉一反三」的學習方法。因此在本章中，我們會列舉在不同場景中，DISC 這套方法的深入應用。在真實案例的基礎上，大家可以結合自己日常生活中的經驗，複習前面我們初步了解的有關 DISC 的知識，體驗 DISC 真正的精髓。

我特別要提出的是，如果能夠在學習之後馬上應用是最好的。看過本章之後，大家不妨先心平氣和地問一問家人，在他們心目中，你像指揮者 D、社交者 I、支持者 S，還是思考者 C。也許他們一時還說不上來，或者覺得四者都有。沒有關係，一起回憶一下上次的爭吵，看看當時你的心裡，是指揮者 D 在說話還是思考者 C 在說話。這個爭執的起源是需求問題、立場問題，還是僅僅是性格問題？如果當時問題沒有解決，現在能不能解決呢？

最後，如果這些步驟都順利完成，不妨進一步想想：我和家人之間有明確的遊戲規則嗎？我對家人有定期的關心和問候嗎？我做過哪些破壞遊戲規則的事情嗎？比如像訓斥下屬一樣訓斥自己的媽媽。而家人有沒有破壞遊戲規則讓你憤怒呢？

好了，接下來讓我們看看在日常工作中，運用 DISC 的一些案例。

管理

　　在某公司，董事長和副董事長的辦公室是相鄰的。

　　董事長是以 D 為主的行事作風，絕招就是訓人，招招致命。

　　他每次把員工叫進辦公室，都是訓這訓那的。

　　當員工們走出辦公室的時候，都只有一個念頭——收拾包袱走人！

　　但是經過副董事長辦公室時，卻發現他已早早等在門口，把「傷患」拉進自己的辦公室，溫言細語，「縫」好你的手腳，然後拍拍你的肩膀說：「沒關係，下次拆裝更容易！」

萬佛朝宗

董事長負責
「打傷」。

副董事長負責
「療傷」。

　　也許你會說，如果老闆都像副董事長一樣，豈不是皆大歡喜嗎？

　　如果你是老闆，那麼你希望你的員工怎麼選擇呢？

　　1. 員工們快樂自在地上班，對他們沒有任何要求，他們自然也沒有任何發展，兩年後他們被社會自然淘汰；

　　2. 讓員工痛苦地在壓力和高要求中成長，他們兩年後因為更強的工作能力而被提升或得到好機會。

**　　如果沒有互相配合，沒有人勇於做惡人，那麼很多事情就很難推動。**

　　同樣是發生在副董事長身上的真實故事。

　　副董事長喜歡工作到哪裡就旅遊到哪裡。有一次他到江南一個水鄉遊玩，捧著照相機對著一座小橋瞄了半天，想留下小橋流水人家的畫面，所以苦苦等待著橋上沒有人的那一刻。

　　此時正值旅遊旺季，橋上的人絡繹不絕。副董事長守候了

大半天，都沒有捕捉到那個時刻。這時候旁邊跑來兩個女學生，請他為她們照張相。他愉快地答應了，女學生照完相就問他：「您在這裡等什麼，我們可以幫忙嗎？」

他把緣由一說，女孩笑了：「還以為是什麼事呢，包在我們身上！」

接著，兩個女孩跑到橋的兩邊，扯開嗓子喊：「別過來，有人照相，等一等！」

堂堂副董事長大半天沒有搞定的事情，兩個女孩不到30秒就解決了。

看來很多問題的產生都不是能力的問題，而是性格的問題。

有一次，孔子講完課，回到自己的書房，學生公西華給他端上一杯水。這時，子路匆匆走進來，大聲向老師討教：「老師，如果我聽到一個正確的主張，可以立刻去做嗎？」孔子看了子路一眼，慢條斯理地說：「總要問一下父親和兄長吧，怎麼能聽到就去做呢？」子路剛出去，另一個學生冉有悄悄走到孔子面前，恭敬地問：「老師，我要是聽到正確的主張，應該立刻去做嗎？」孔子馬上回答：「對，應該立刻實行。」冉有走後，公西華奇怪地問：「老師，一樣的問題，為什麼您的回答卻截然不同呢？」孔子笑了笑說：「冉有性格謙遜，辦事猶豫不決，所以我鼓勵他臨事果斷。但子路逞強好勝，辦事不周全，所以我就勸他遇事多聽取別人意見，三思而行。」

　　這是歷史上著名的關於「因材施教」的故事。故事雖然簡單易懂，但知易行難。想想，平時老師之於學生，父母之於子女，上司之於下屬，真正做到「因材施教」的人又有多少呢？有人喜動、有人喜靜，有人急於要結果、有人沉迷於事理，有人善於模仿、有人善於創新；正因如此，一堂培訓課，我們常常設置成不同的模組，有說明、有分析、有練習、有互動，即使如此，如何在講解一個理論時照顧到不同學生的需求，如何讓不同性格的學生在課堂上發揮自己的優勢，甚至如何用一句開場白調動不同學生的注意力，這些仍是我們深入研究的課題。

以上問題，無關乎能力，與性格更密切相關！

責罵，表示老闆的重視和適當的憤怒，可以說是校準員工執行方向的手段之一。在管理的時候，我們經常會運用到扮「白臉」、「黑臉」這一招，既要有人敢施以壓力和當頭棒喝，又要有人能緩解緊張的氛圍和對抗的情緒衝突。但是有兩點是需要注意的。

能不能先唱黑臉再唱白臉呢？

「小張，罵你，只是因為要表示我對這件事情的重視，你也別往心裡去，我看好你哦！」

罵完員工，轉身又去給笑臉。員工很可能會這麼想：「這個老闆真善變！神是你，鬼又是你！」

老闆陰晴不定的，
好可怕！

老闆，你到底想怎樣？

能不能先打預防針呢？

「小張，我待會要狠狠地罵你，你放心，我其實只是殺雞儆猴，隔山打牛！」

這時員工就會想：我只是陪老闆演戲而已。而無論是多好的演技，只要是在演，一定就會有人能看穿。

陪你演戲，我乾坤大挪移！

在管理中，我們既要有一定的風格，讓員工清楚一些原則以便能夠更好地相互配合；又要做好角色轉換，在不同場景中做該場景中適當的事情。其中有很多複雜的變數，既是管理者要努力的功課，又是管理者變身「領袖」的關鍵。但最基本的，就是要非常清楚自己的領導風格中既定的一些元素。

D 型領導人被稱為指揮者：	I 型領導人被稱為社交者：
1. 直接，控制，獨斷；	1. 良好的溝通與說服能力；
2. 獨立，追求成功的欲望強烈；	2. 樂觀，口才好，較圓滑；
3. 喜歡掌控全局；	3. 對人際關係的感受較敏感；
4. 好勝，企圖心強；	4. 喜歡團體的氣氛；
5. 喜歡挑戰；	5. 即興，步調快；
6. 不信任別人；	6. 容易信賴別人，有好的人脈網路；
7. 不容易關心別人或激勵別人；	7. 做事較為衝動；
8. 容易與人保持距離；	8. 不太重視細節的個性有時會讓效率打折扣；
9. 主觀與自負。	9. 重視外表及第一印象；
	10. 總是只選擇自己想聽的部分。

C 型領導人被稱為思考者：	S 型領導被稱為支持者：
1. 凡是都講求精準，重視流程； 2. 對品質的要求高； 3. 就事論事； 4. 相對地嚴肅和理性，沒有太多的語言和肢體動作； 5. 不懂得變通。	1. 對人十分友善； 2. 做起事來慢條斯理； 3. 隨和，比較沒有原則； 4. 溫和地表達情緒； 5. 過分小心； 6. 會關心他人。

DISC 四種類型領導者的行事風格、價值追求及需要的夥伴類型。

D 型的行事風格	D 型的價值追求	D 型需要的夥伴
以問題為導向	享用權力	評估風險
對現狀提出質疑	能夠突破與改革	精算利弊得失
勇於接受挑戰	能力和眼光得到肯定	謹慎決策
下決心很快	不受拘束的環境	處理後勤細節問題
發號施令	有獨當一面的機會	計劃協調能力強
行動積極	創新，多變化	注重別人的感受
立刻要結果	領導時具行動力	能用語言鼓舞士氣
克服困難	不喜歡被監控	沒有野心

I 型的行事風格	I 型的價值追求	I 型需要的夥伴
喜歡交朋友	受到大家歡迎	能直述重點
善於說服他人	能力被肯定	針對事情評論
營造熱鬧氣氛	能發揮口才	收集客觀資訊
能振奮人心	團體活動	不被雜務分心
腦筋靈活，點子多	多元的人際互動	有邏輯的思考方式
自由，不喜受拘束	不須負責細節和數字	貫徹到底的恆心
樂觀，情緒化	沒有太多約束	自我管理優秀
容易親近	強烈被團隊需要	對人不抱持偏見

S 型的行事風格	S 型的價值追求	S 型需要的夥伴
決策態度謹慎	穩定有保障的環境	靈活的應變能力
忠誠度高	按計畫進行的工作	接受突發狀況
避免衝突	充裕的思考時間	勇於求新求變
對事專注且有恆心	成果獲得肯定	一心可以多用
善於傾聽與安撫	受到誠心的感謝	懂得適時表達拒絕
做事按部就班	兼顧家庭生活	不過分在意他人
追求一致性	建立親密團體關係	展現個人優勢
樂於提供協助	標準化作業流程	能主動面對人群

C 型的行事風格	C 型的價值追求	C 型需要的夥伴
善於邏輯分析與思考	品質與精確性	迅速的決斷力
收集數據與資料	清楚的法規與制度	簡捷而省時的方法
重視程式與規則	具體的工作要求	說出關心與感謝
完美主義、高標準	清楚的行為規範	適應變化、活用政策
自制力強、盡忠職守	知性的專業表現	坦率表達意見
具批判性	獨立思考的空間	參與團隊運作
充滿危機意識		充分討論，達成協議

激勵

好的，知道了

還有事嗎？　　　　　　　　　　沒……沒有

對了這個月
你轉正職，
薪水是……

　　曾經有個員工，跑到主管那裡匯報完工作後，卻還在辦公室裡徘徊，直到主管恍然大悟——這個月員工轉正，還沒跟他說薪水的事。隨即一句話：「哦，對了，你這個月轉正了吧，轉正後的薪水應該是 36,000 元。」

　　這位員工馬上長舒一口氣，高高興興地回到座位上工作了。如果不是主管及時察覺，這位員工很可能連續好幾天都會坐立不安。

　　另一個類似的故事：

　　小艾一個早上都心神不定地走來走去。主管百思不得其解，後來靈光一閃，用心觀察了一下，發現她頭上戴了個亮閃閃髮簪。主管連忙稱讚：「小艾，今天妳的髮簪很漂亮，是新買的嗎？」

這時小艾整個人都亢奮起來：「老大，你注意到了！今天我晃了一個早上，他們都沒有發現，氣死我了！」

這個時候，主管鬱悶了：早知道就一句話的事，我一早就說，就不白白浪費妳一個早上的生產力了！

很多時候，員工欲言又止，心裡一直在思量，最後可能導致一大都坐立不安，無心工作，把時間都浪費掉了。所以，我們要注意到他們的狀態，幫助他們調整。

這麼的關注和照顧，可能比加薪、升遷更能讓他們保持較高的工作效率。

不同性格的員工，心理需求不同，甚至存在很大的差異。

即使是同樣的行為表現，也很可能會有完全不同的內在動機。

例如，一個 D 型人積極工作，可能是為了獲得更高的職位，從而獲得更多的權力；而一個 I 型人積極工作，可能是為了得到更多的讚賞，如果能獲得升遷的機會，得到眾人羨慕的眼神，那當然更棒。

因此，了解員工的個人需求，有助於我們更好地激發員工的工作熱情。

要記住，並不是只有獎金和職位才能激勵員工。

接著，我們來深入探討「激勵」這個話題。激勵一個員工可能有很多因素，我們只簡化為三個因素——待遇、培訓和選對人，其他因素都可以歸結到這三個因素上。

那麼，三個因素各占多少比例呢？

事實上，具體職位有具體的比例，比如說高階主管的職位和基層員工的職位肯定是不一樣的，傳統行業跟新興行業也不一樣。

首先說待遇。我們往往會高估待遇對一個人的工作績效的影響。他這個月漲薪水，那他什麼時候工作最努力？是上一個月。接下來的這個月他也會努力，但是薪水的激勵效果的持續時間可能不會太長。對高層來講，可能相對地長一點；對中層

及基層員工來講則反之。無論企業多麼有錢，可以說在員工的待遇方面都可能會碰到天花板。

有人認為培訓占到 30% 以上，但是有些員工不需要怎麼培訓也能夠勝任他的工作。

我覺得我的游泳教練很無奈。他要求我第一天要學會浮到水面上，我第一天浮不到，就到網上去搜尋影片，第二天在他的陪同下訓練到硬是讓自己浮起來了。於是他又開始說接下來培訓腳的動作，我又沒有學會，課後自己去補課。反正幾乎一路靠自學，就這麼莫名其妙地學會了。但這個教練有沒有作用？還是有吧。他逼我每次至少泡在水裡一個半小時，努力地做一些事情。我們可以看到，老師的作用固然很大，但更重要的是學生自己的主動性。

最後一個因素是找到「對的人」。

辦公室助理的起薪是很低的，一個月 22,000 元。助理的哥哥勸她跳槽：「現在建築工人都 25,000 元的月薪，妳好歹還是大學畢業，連工人都不如。」

妹妹說：「我要的不是多出的那幾千元，而是安穩體面的工作。」

對於一個具體的職位來說，我們要分清楚勝任這個職位的那些人要的是什麼。有人要待遇，有人要穩定，有人要權勢，有人要虛榮。

所以說，關注不同員工的需求，能有效提高他們的工作效率。至於如何能夠快速準確地做到員工與職位相互匹配，我們將在下一章深入探討。

拿破崙說：「你找一群傻瓜讓我來激
勵，就會得到一群被激勵的傻瓜。」

D 型人的有效激勵方法：	I 型人的有效激勵方法：
1. 給 D 一個獨立的空間；	1. I 喜歡人群，喜歡團隊工作；
2. 對 D 的肯定要就事論事；	2. I 喜歡快樂，多給他笑容；
3. 讓 D 全權執行某個項目；	3. I 會主動拓建人脈，喜社交；
4. D 喜歡活在掌聲中；	4. 給 I 的獎勵必須公開；
5. D 較自大，要適時提醒他在團隊中的貢獻；	5. I 喜歡慶功宴、表揚會；
	6. I 希望得到大家的重視；
6. D 很有使命感。	7. I 很重視「品牌」。
C 型人的有效激勵方法：	**S 型人的有效激勵方法：**
1. C 不喜歡太直接的激勵；	1. S 重視「安全感」與「保證」；
2. 送高品味的獎品，比如古典音樂會門票，C 會視為對他品味的讚賞；	2. 關懷 S 的家人；
	3. 做事有自己步調，不要對他步步緊逼；
3. C 善於獨處，可以給他一個辦公室，或可以間隔出來的空間；	4. S 很有耐心與毅力，讚賞他的這一點，感謝他的無私與支持；
4. 重視數據，給可量化的獎品；	5. 送他全家人都可使用的東西。
5. 給他一些高科技的產品或給他取得訊息的管道。	

分配工作與組織建設

即使是搬桌子這麼一件小事，分配起工作來，也有學問。

我因為常常要開課，所以不時帶領各員工搬桌子。

一般人在聽從調度搬桌子的時候，都主要呈現出 S 或 C 的工作態度。

1. S：他們老老實實地搬起桌子看著你，你說往東他們就往東，你叫停他們就停；

2. C：他們東瞄西瞄，把桌子搬來搬去，沉浸在自己的思緒中。

如果不對他們進行管理，很可能就會出現這麼一種狀況：總指揮調度在臺上指揮 S 拚命做，C 卻在一邊亂調整，瞎指

揮。大家的效率都不高，心裡甚至可能會留下疙瘩——S 覺得 C 在沒事找事，C 覺得 S 在胡搞瞎搞。

這種情況不僅僅發生在搬桌子這件事上，也可能發生在很多案子的執行上。有人在埋頭苦幹，有人在找碴挑刺。如何善用這兩種人呢？

首先，要把他們分開。

等桌子大致擺好後，你們專門負責檢查，
要按照三個標準：
1. 桌布前端垂地，後端垂一枝鉛筆長；
2. 桌腳四周貼變動標記
3. 所有桌子中線對準舞臺中心。

大家今天辛苦了。裡面同事
還在檢查，拜託你們去買些
宵夜，回來待會工作完成後
我們一起聚餐，好不好？

把 C 挑出來，教他們調整桌子的標準。讓那些 S 可以不受干擾地先擺好，然後再讓學會標準的 C 去校正，讓在 S 開始指揮他人之前，讓閒下來的他們去買宵夜。這樣就能照顧到兩種人的關注點了。

最後，大家不僅高效率地完成了工作，還能快樂地一邊吃宵夜，一邊為明天的工作互相打氣。

運用在其他事務上也是一樣。讓喜歡挑剔的員工先弄清楚「做好」的標準，這麼有助於把他們挑剔的能力發揮到最大，並且也避免了他們干擾其他人。同時，讓那些喜歡埋頭苦幹的人先把大致的框架建構出來。

在後期按照標準微調的時候，讓前期出大力氣的員工稍微抽離，以旁觀者的角度去學習經驗，不要再繼續讓他們當案子的執行人，否則他們會容易產生這樣的想法：我來工作，你們來挑剔，這不是欺負我嗎？

不注意這個問題的企業，容易形成這樣的企業文化：做多錯多，不做不錯，最後導致很多員工認為只要我安安穩穩領薪水就好了。這種情況在主要為 S 型作風的基層員工中特別容易出現。

有讀者可能會說，你說的這是理想狀態，在企業的具體經營管理過程中，往往知易行難。當然，很多時候我們只能是提醒，並且讓他們有所啟發。接下來我講一個真實的案例，希望能幫到大家。

有個企業裡待了七年的老員工，很熟悉各個部門的運作，身為中層主管，他業務能力不錯，但他有個很不好的毛病，就

是喜歡「說閒話」。例如製造部主管在臺上說：「我們最近解決了鋁塑包裝的日期字樣模糊的更換問題。」他在臺下就來一句：「這有什麼好說的，我早就提醒過了，活字印刷術都發明幾個世紀了。」總經理說：「我們要努力留住人才。」他在下邊小聲嘀咕：「錢少事多責任大，留得住才怪。」

　　大家一致認為，不管這個人多有能力，一定要辭掉，因為他造成的影響太糟糕了。可是真的因為一個人的一個小毛病就要徹底否定他嗎？於是，人力資源決定把他調去另一個部門，負責監察製造安全與環境保護，同時主導品管申報的工作。當年，該企業的環境安全考核順利通過，他還利用項目申報為企業贏得了好幾百萬元的獎勵金。

　　這個七年老員工就是擅長挑剔的 C 型作風。他熟悉業務，擅於挑剔，所以把他放到一個管控產品品質的職位就特別適合。至於他那些怪裡怪氣的「閒話」，只要他在一個專門挑各部門錯漏的職位上，大家便不會往心裡去。

　　所以說，實際上每個企業的排兵布陣，以及可調整和進步的空間，可能遠超你的想像。

　　話題拉回來，工作的最高境界應該是快樂。

　　孔子說過：知之者不如好之者，好之者不如樂之者。這句話講的是人們的追求境界應以自然而然的快樂為最高目標。對工作而言也是如此。

　　工作都在點滴中進行。每一個員工實現最佳績效，才能帶來企業的最佳效益。對於一個企業來說，比員工的滿意度更重要的指標是員工的投入度；而對於員工來說，他的投入度往往要看他的滿意度；而這個滿意度又不僅僅是由薪水高低所決定

的。那麼，還有什麼決定因素呢？

　　我曾幫一個餐飲集團做過關於員工激勵的諮詢案。當時他們應徵大學生兼職，每工作一個小時是 168 元，可是如果去幫小學生、國中生家教，報酬是 300~400 元，所以來應徵的大學生並不是單純關注錢的。除了能讓員工累積經驗外，應如何讓員工投入工作呢？

　　在第一、二輪面試都已經完成之後，我們發給每位被錄用的員工各一張紙，上面寫著：「你認為什麼對餐廳來講最重要？」有些人說是微笑最重要，有些人說是環境衛生最重要，有些人說小孩子很重要，有些人說出餐速度很重要。這些答案其實都有道理，重點是如何分配他們的工作。

　　（1）微笑很重要。

　　微笑是服務業的象徵。而且微笑本身是需要訓練的，認為微笑重要的人會被任命為本店微笑訓練大師。他要負責做兩件事情：第一件事是每週四晚上訓練大家怎麼微笑；第二件事是他只要看到今天有誰心情不好，他就會湊到你的面前做一個怪臉，提醒你要微笑。大家在餐廳收獲的除了美食之外還有快樂的好心情。

　　（2）小孩子很重要。

　　小孩會拉著大人去消費。小孩子會成長，長大之後也會帶著自己的小孩子再去消費。認為小孩子重要的這個人會穿著卡通裝去帶所有的小孩子跳舞，在顧客生日時主持生日會，去學校和社區執行促銷企畫。他天生就是一個優秀的「孩子王」。

　　（3）環境衛生很重要。

　　我們談生意、談戀愛，大多都是去西餐廳，基本上主要是享受環境。認為環境衛生很重要的人每隔 45 分鐘就會拿一張

表格去檢查衛生並且做好記錄，以保證客人無論走到餐廳的哪裡都享受到美好的環境。

（4）出餐速度很重要。

除了時間之外，客戶的感覺更重要。通常大型餐廳內部會規定做到兩點。第一，是在你排隊之前就已經額外有一個人會對你說：「先生，你要點什麼？」他先幫你點好，你到了櫃檯前可以立刻取餐。第二，餐廳會有符合心理學的設計：從你交錢給櫃檯，到服務員把東西全部給到你，期間不能超過 60 秒，所以說出餐速度很重要。認為出餐速度很重要的，可以讓他負責時間管理。

歸納一下，覺得微笑重要的，讓他成為微笑訓練大使；覺得小孩重要的，讓他成為社區的企畫組長；覺得環境衛生很重要的，讓他每 45 分鐘檢查一次環境衛生；覺得配餐速度重要的，讓他成為時間管理大師。

員工額外多做的這些事情，不會多給一分錢。餐廳做對了什麼？——讓員工做自己！讓員工做自己認為最重要，並且最樂於做的事情。管理者的任務就是讓員工勝任工作並且樂於工作。讓員工參與，讓員工投入，透過參與產生責任感，進而在完成工作之後得到成就感。如此一來，員工便有效地把個人目標與團體目標結合在一起了。

談判

你要相信我們的價格已經很優惠了。

石油漲價會不會造成價格波動呢？
他們新換的老闆很摳門，預算好像越來越緊……

　　商業談判常常是團隊與團隊之間的較量。要如何在這樣的較量中取得優勢呢？

　　其中很重要的一點，就是抓住關鍵成員。

　　所謂關鍵成員，固然是指對方團隊中的最高決策者，但不要忘記對方的決策大部分情況下都不是獨裁式的。辨別對方各成員的不同行為傾向，能幫助我們預測談判形勢。

　　在談判過程中，很多人會拿出兩種狀態來面對談判對手。一是拿出熱情的 I，讓對方覺得自己好相處，進而去說服對方，也就是俗稱的「套關係」；一是把自己調成 C 高 S 低的狀態，C 高是要保持精明清醒的頭腦，堅持標準，S 低是要盡量避免被對方說服，不被對方控制情緒。

　　問題：一個是誇誇其談的 I 型人，一個是沉默不語的高 C 低 S，誰更容易走神呢？

　　答案是後者。我們千萬不要被 I 型人表面的誇誇其談牽著鼻子走。事實上，I 型人對於自己有興趣的話題是非常專注的。只有在無趣的時候，I 型人才會充分發揮自己的想像力。在高度緊張的談判中，這樣的 I 型人怎麼會輕易走神呢？

　　小心 I 型人的插科打諢。遇上這兩個人，與其努力地應付 I 型人，不如轉向正在分神的「資優生」提問題。資優生正在走神，因為他 C 高 S 低。C 高代表著他很聰明，很有自己的一套思路和邏輯，心裡同時有幾個 CPU 在轉；S 低證明他配合度很差，不太容易會被人牽著走。而這種人在一個團隊中，往往有非常高的話語權。引起他注意力的最佳方法就是向他提問題，問他的意見。只要他肯開口，一切就都好辦了。

　　那如果我們自己去組隊談判，應該拿出什麼特質呢？拿出 I 的特質，或者調整成 C 高 S 低呢？

　　其實在談判中，我們最應該用到的是指揮者 D 和支持者 S 這兩種特質。D 讓我們有明確的目的，並且堅持下去。D 那種為達目的不擇手段的努力，是我們在談判中應該調動出來的職業精神。S 讓我們同時關注到對方的需求和底線，畢竟談判不是純粹的競爭，更多的反而是合作。

　　儘管在表面上，我們可能需要有人唱黑臉，有人扮好人。但在我們心裡、在團隊內部討論時，我們要同時關注到自己的目的和對方的需求，這樣才能找到最佳的契合點，在不觸碰對方的底線的前提下達成合作。

客服

　　我太太的同事小游在處理投訴的工作上非常出色。太太說他天生就是做這一行的，無師自通便掌握其中的關鍵技巧——他總是能站在對方的立場上真誠地給出意見，而憑藉這種真誠，往往能安撫那些怒氣沖沖的客戶。

　　有一天，有個客戶衝到他們公司門外，大呼小叫要討回公道。工作人員勸他進公司來解決問題，但這名客戶怒氣難消，堅持要站在門外，不斷地叫喊著。公司緊急派小游去進行協調。小游開始和這名客戶交談，很快，這名客戶就推心置腹地對小遊說：「你說，如果我是你哥哥，受到這樣的欺負，你會不會為他討回公道？」

　　小游非常坦誠地看著他說：「我說句實話，如果是我的哥哥，我不會讓他這麼辛苦地站在這裡，因為解決問題才是真的對他好。」

　　客戶一愣，隨即軟化下來，跟著小游進了公司，最後把問題順利解決。

　　信任是怎麼產生的？首先是一些微小的認同感，從對方的角度出發，接著慢慢做到能夠溝通交流。

　　我在課堂上，經常會現場採訪不同的人，問：「如果小張相戀 5 年的女朋友昨晚和他分手了，他非常傷心，一蹶不振，你會怎麼安慰他呢？」

　　因為現場學員的性格不一樣，我得到的答案也就五花八門。

眞沒出息，
天涯何處無
芳草！

你的前女友，每頓吃一碗半的白飯卻
不到 48 公斤，CP 值很低嘛！找其他
的比較下，也許更合適呢！

走了，我請你
去唱歌！

D 的怒罵，C 的分析和 I 的轉移注意力，都沒有太大用
處。唯有 S 的溫暖能感動傷心的小張。

小張，姐知道你現在很難
過。你要是想說，就跟姐
說；你要是不想說，姐就
陪你靜靜坐一會兒。

很多人認為應對客戶時只要肯低聲下氣就行得通，事實
上，客戶更需要的不是謙遜的態度和禮貌的用語，而是周到的
同理心。

設想對方的處境，觀察他的作風和當下的需求是現場客戶服
務工作很重要的三個預備動作。所有技巧和話術，都要基於對客
戶狀態的準確判斷。

此外，傾聽也很重要。

現在，讓我們來看一下傾聽的時候人們常常出現的四個
誤區。

第一個誤區是想當然爾，第二個是價值判斷，第三個是好為人師，第四個是追根究柢。

眞的不是我拿的

什麼是想當然爾型？今天早上我的錢包找不到了，有人會說：「李老師，真的不是我拿的啊。」但我從來都沒有講過跟他有什麼關係啊。

我對學員說：「昨天晚上我和女朋友分手了，你想對我說什麼？」有人會講：「李老師，你一直講溝通，講團隊，講家庭，原來你也會分手啊？」或者說：「你詳細地把事情經過跟大家講一下，關鍵的細節不要漏掉。」這些話讓人完全沒有被關心的感覺——因為他們在意的只是我當下的某個想法。

破財消災 破財消災

價值判斷型。再說說弄丟錢包這件事，今天早上我把錢包搞丟了，注重價值判斷的人要評價這件事情是好還是不好。「太好了，破財消災。」、「沒關係，舊的不去新的不來。」但各位

請注意，這些話只是場面話，只在自我安慰的時候是有用的。

如果某個人向你傾訴一件事，他的本意可能並不是尋求你的判斷和意見，而只是需要安慰和傾聽。

昨晚出去了嗎？
去了哪裡？

追根究柢型。那麼什麼叫追根究柢？今天早上錢包丟掉了，有人會問那裡面有多少錢，除了錢還有什麼東西？這還屬於正常範圍，最怕的是：「李老師，如果你是住飯店，你昨天晚上到哪裡去了？如果沒去哪錢包怎麼會掉？」

舉個例子，有一天老張一早坐到辦公桌前一臉不高興，你就說：「老張，你有什麼不高興跟我說說。」他說：「沒什麼。」你繼續問：「老張，你有什麼不高興就跟我說吧！」老張連連搖頭：「沒，沒什麼。」老張昨天跟初戀女友約會，被老婆發現。以前都是老婆出錢讓他坐計程車，但這次吵了一架，所以沒錢坐車，只好坐「11」路公車到辦公室。這時老張已經很累了，你問他，他肯定不願意跟你說。所以某些時候，不要明知別人不想回答還窮追猛打。

在我小時候，有那種黃色的圓形燈泡，據說那種燈泡有小孩子會玩時不小心放到嘴裡，然後拿不出來，於是包裝的生產廠家就很用心，在包裝盒上打出很大的字：「請勿把燈泡放入口中，以免進得去出不來。」結果，這種包裝推出去之後，半年就有六例這種事情發生，全是發生在大人身上的——所以要

控制一下好奇心。

早就提醒過你：
不聽老人言，
吃虧在眼前。

　　什麼是好為人師型？「錢包弄丟了有什麼啦，人沒事就萬幸了，我走過的橋比你走過的路還要多，也丟掉過好幾回錢包。」要麼就是：「不聽老人言，吃虧在眼前，早就叫你把錢包放好，你就是不放好。」他們的出發點都是好的，想用一些道理去提醒你。比如說，告訴你要「將心比心」：「沒鞋穿沒有什麼，有些人還沒腳呢。」可是心情不好的時候聽者會怎麼理解？我只是沒鞋穿，你還要詛咒我沒腳嗎？

　　要應對這種情況，有兩種比較有用的特質，一個是 I，一個是 S，這兩種都是「關注人」的特質。但 I 只是短期內的，真正講應對，還是 S 特質比較有用。S 對失戀傾訴的勸解是：「我知道你現在很難過，不過沒有關係，你如果願意說，我就聽你講，你現在不願意說，我就陪在你身邊，隨時找我。」讓人感覺十分溫暖。他會先跟你感同身受，知道你現在很難過，而且接下來也沒有逼你做決定，而是讓你做選擇。各位請注意，被安慰的人有可能從做這個小小的決定開始就重新站起來了。這就是真正的溝通技術！所以我們要學會聆聽，而且還要善用 S 的特質。

情緒處理

哼，就不賣給你！

　　即使在工作的時候，人也是有情緒的。談生意時，直覺上認為這個人 OK，於是就成交了。員工遞過來的報告，心情好就簽，心情不好就壓著。

　　有些人，看到他就莫名地喜歡他，彷彿是注定的緣分。

　　有些人，看到他就莫名地厭惡他，連在同一個房間裡呼吸同一屋子的空氣都覺得是對自己的侮辱。

　　但是如果只和自己喜歡的人打交道，這個世界上有 2/3 的生意，我們都做不了。

　　同樣，當我們感受到厭惡或煩躁的情緒時，要學會辨認這種情緒的來源，才能更好地處理自己或別人的情緒。

D 型人的壓力來源：	I 型人的壓力來源：
1. 被懷疑立場；	1. 環境過於嚴肅；
2. 權威被挑戰；	2. 沒有辦法融入在群體中；
3. 同事比自己還優秀；	3. 工作沒有樂趣、索然無味；
4. 下屬跟不上自己的速度；	4. 一個人工作，無法與人交談；
5. 發現自己被別人利用；	5. 團體中派系太多，勾心鬥角；
6. 無法掌握全局；	6. 沒有辦法表現真實的自我；
7. 發現自己落後於別人；	7. 沒得到主管的肯定、讚美、支持；
8. 沒有明確的責任與權限。	8. 開放、友善的作風遭人誤解；
	9. 時間管理不好，太緊迫、太雜亂。

C 型人的壓力來源：	S 型人的壓力來源：
1. 受到質疑、被誤會；	1. 不會給別人壓力，攬了太多事；
2. 因數據不足而無法完成決策；	2. 必須只靠自己做出重大決定的時候；
3. 日常運行軌道受到質疑及挑戰；	3. 被要求做一些從未做過的事；
4. 原則、規定、政策、方法不清楚；	4. 時間急促，沒辦法按計畫行事；
	5. 政策突然改變，沒時間適應；
5. 需要主動與人群接觸；	6. 過於忙碌，沒辦法兼顧到家庭；
6. 環境紊亂失控；	7. 過於衝突或複雜的情節；
7. 看到別人犯錯。	8. 怕得罪別人；
	9. 站到檯面上公開說話。

體認自己的情緒遠比你想像的重要。

黃岩是一個埋頭苦幹、沉穩可靠的行政總監。為了工作，他天天晚上加班到九點、十點，老闆都看在眼裡，非常欣賞他。

但他和人事部總監李力關係很差。起因是他提出幫自己的得力下屬加薪 40%，幅度過大，李力拒絕，只肯加 20%：「你個人的認可不代表可以將公司利益和規矩棄之不顧。」

　　他義憤填膺，認為是因為李力目前更受到老闆的欣賞，所以他才為難自己和下屬。他甚至下令不允許行政部任何一名員工和人事部有來往，連保全也不可以跟他們說話。

　　後來人事部透過正常應徵途徑為公司招入一名總裁助理，直接管理行政部和人事部。入職時，李力帶他去和黃岩商量安排這位總裁助理座位的事宜，並說建議將他安排到自己旁邊那個空位。黃岩激動地大聲說：「現在是人事部負責安排座位，還是行政部負責？你不就是想拉攏老闆嗎？」

　　音量過大，一牆之隔的總裁也聽見了，默默下了指令——給總裁助理一間獨立辦公室。

　　隨後的工作中，黃岩認為總裁助理和李力是一夥的，經常不聽指令，更是常常越過總裁助理向總裁匯報工作。

　　總裁助理一開始抱著日久見人心的想法，堅持忍耐和公平公正的態度，沒有多加理會。三個月後，總裁助理實在不能再忍受黃岩的無禮，在某次向行政部和人事部兩部門傳達總裁指令指派工作時，偷偷錄音並發送給總裁。錄音裡，黃岩因為被負面情緒支配，多次語出不遜：「白費力氣」、「我不需要跟你交代原因」、「隨便啦都可以，反正你們都是一國的」、「我去處理就行，跟你說了你也不懂」。總裁助理表示：這麼情緒化的員工即使能力再優秀，對團隊來說也是一種損害，請求辭退。

　　總裁讓人暗中調查黃岩，確認總裁助理實際上並沒有失公平之舉。思慮再三後，認為黃岩性格怪異，同意辭退。

　　黃岩戴著有色眼鏡來看待同事，很多事情上都覺得自己委屈，鑽牛角尖。但總裁助理同樣也有改進的空間——他沒有幫助黃岩糾正自己的想法，緩解壓力。

無論哪種性格的人，感覺到壓力都源自一個根本：他感覺到危險。每個人的 DISC 都是可變的，當他感受到的是敵意而不是友善時，他會化身為 D，或者 C。

　　DISC 最原始的理論模型實際上如下圖：

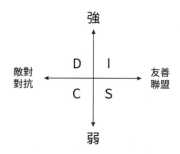

　　黃岩懷疑總裁助理和李力對自己不善，偏移到左邊「敵對 / 對抗」；但他又判斷自己比較得總裁信任與歡心，屬於強勢的，就跑到上面去了。

　　最終他在直屬上司總裁助理面前表現出來的狀態就是 D。

　　如果總裁助理能察覺到他的情緒問題，好好安撫他，讓黃岩從左邊的「敵對／對抗」轉移到右邊的「友善／聯盟」狀態，那麼他的表現可能就會是在總裁面前兢兢業業的那個 S，或者他會展露 I 的那一面幫助總裁助理熟悉公司業務。

　　那怎麼讓一個人從左邊「敵對／對抗」狀態跑到右邊「友善／聯盟」狀態呢？我們這裡介紹三點：

1. 讓他覺得你是同盟者，找到你們的共同利益點，並提醒對方；
2. 認同對方，任何人的不認同都會把他逼向左邊「敵對／對抗」狀態並帶來壓力；

3. 溝通時給予次數多但柔和的刺激，而不是次數少而強烈的刺激。

什麼是次數多但柔和的刺激呢？例如悅耳的音樂、香甜的蛋糕、和善的語氣，我們又稱它為愉快的溝通環境；而次數少而強烈的刺激，例如體罰、嚴厲的譴責斥罵，這些刺激很容易會引發對方的反抗心理。

我們在處理情緒或者溝通問題時，常常注重的是充分利用話語權，急於透過語言去表達自我。事實上，環境是強而有力的輔助。

所以啊，最善於經商的廣東人，就是喜歡談事情之前，先坐下來喝喝「工夫茶」，讓大家的心情都放鬆下來——往右邊「友善／聯盟」走。

同理可證，很多人喜歡跑去星巴克談工作，不要以為這都是在裝腔作勢，其實悅耳的音樂和醇香的咖啡，真的有利於溝通。

說到這裡，這一篇章你可要好好體會並且馬上開始效仿起來。

組建團隊

在組建團隊的時候，經常是領導者根據自己的喜好來挑選成員。

但是，可別忘記了，如果是這樣，團隊的高度就取決於領導者的高度。只能從單一個角度出發，用單一的方式，聽到一種聲音的團隊，有時候是非常可怕的。

一群超人一起去救火，卻發現每個人的技能都只是發射光波攻擊怪獸，沒有一個會噴水救火，那就真成了「死光」了。

想一想，我們做事情的力量，是來自與他人的相似性還是差異性呢？相似性固然給予我們安慰、鼓勵，但讓人感覺不舒服的差異性卻會產生交流、碰撞，促使個體成長和進步。在一個團隊當中，成員之間的差異性導致的摩擦、碰撞、互動，可以轉化為團隊內在的動力。

因為一個團隊需要處理不一樣的事情，面對不一樣的客戶，所以也需要不一樣的人。

有一個電商品牌方，有好幾個營運總監管理著不一樣的電商平臺，這些營運總監的性格也不一樣。

京東平臺走大貨，遊戲規則清晰且平臺強勢，負責人性格就偏 D，用供應鏈總監的話來講就是：天天提著菜刀來搶貨！

天貓超市、貝貝網等幾個平臺要求精細化營運，負責人天天拿著計算機在算活動價和週期，風格很 C。

蘇寧、雲集等平臺，平臺靈活度比較高，資源全靠嘴上功夫，負責人就是一個 24 小時都能精神百倍、熱愛聊天的自來熟高 I。

剩下的就是線上分銷管道，只需要服務到位並且穩定住價格和交易關係，負責人的 S 就發揮得多，業績就能穩定成長。

因為平臺大小和性質不一樣，銷量自然也會有規模上的差

異。有一天，公司說雖然大家業績都不錯，但為了公平起見，可以給你們調換平臺的機會，有想挑戰新平臺的可以提出。結果就是這幾位總監誰也不願意調整——因為他們已經與平臺風格相契合，不想再去適應新環境。

有人乾脆、有人精細、有人活潑、有人穩重，這個團隊每個人各得其所，公司的業績自然蒸蒸日上。

理解他人是合作的基礎，力量來自差異性。

我們每個人最喜歡的人是自己。

但是，理解他人才是合作的基礎。

如果一個人只跟自己喜歡的人打交道、做生意，恐怕2/3的生意都做不好。倘若一名公司的老闆只應徵自己喜歡的人，其他類型、同樣有本事的人就進不到公司裡，這實際上是公司的損失。如果說一個團隊的高度取決於領導者本人的高度，那麼這個領導者的理解、包容、尊重別人及吸收別人智慧的能力，就更為重要。

「用師者王，用友者霸，用徒者亡。」

這句話是什麼意思呢？看一下自己身邊交往的人、共事的同事，如果他們都可以做你的老師的話，你的事業就會前景遠大，有成就「王業」的形勢。古代賢明的君主，身邊不會缺少謀臣良將、賢哲名師。

如果一個領導者身邊用的都是朋友，為他忠心地出謀劃策，彼此又十分合拍，他的人氣會很旺，可以成為「一方霸主」。

而用徒者——把身邊的人都當成徒弟的領導者，別人講什麼都聽不進去，他只按照自己說的去做，只會叫別人服從他、尊崇他，他最後的下場就是滅亡。

造成這種局面的，不是客觀的環境，而是領導者自己的心

態：認為身邊沒有人可能比他強，或者乾脆不喜歡、不容忍身邊比他強的人。孔子說，「三人行，必有我師焉」。對於一個領導者來說，心態擺正才是關鍵。

有時，人們認為某人很討厭，但是因為還要一起共事，所以還是選擇去容忍。容忍之後，就會開始理解和接受對方。在理解和接受的過程中，進而發現對方身上的優點，於是開始欣賞並感激他的存在。這就是不同的態度帶來的不同結果。當我們發現別人跟自己差別很大的時候，我們採取的態度往往決定了這段關係的結果。而這關係的結果將成為決定我們做事成敗的一個關鍵因素。

想一想，力量本身來自哪裡？是自己跟他人之間的相似性，還是差異性？

相似性可以讓大家融合在一起，彼此安慰、鼓勵、助長心力。但是，差異性才能讓彼此有更多的互動，這是思考的契機、行動的動力。

人類彷彿一個變化繁多的大森林，「一樣米養百樣人」。認識一個人是容易的，但是真正了解一個人不容易。這就是為什麼人與人之間、部門與部門之間要常常走動。多多觀察、交換資訊、交流溝通都非常重要。主體與他者之間形成有效的互動（組織和溝通），才有助於發揮主體的影響力。

上述這些是在說明什麼？一個公司要獲取人才都是從內部開始的，公司要鍛鍊培養人的能力，要從身邊的人開始。

情境型領導者（權變型）

　　管理講究「分而治之」，對待不同的人，在不同的場景和環境中，我們要扮演不同的角色。

　　能力不強、意願也不強的員工。用 DISC 角度切入，你會發現公司有一些員工，能力和意願度都不夠，他們對自己的看法是，第一我沒有能力做好這些事情，第二我也不是很願意做這些事情。這個員工大多數時候會呈現 S，這時候你運用 I 的領導風格可能會讓他願意去工作。可是對他來講，他除了沒

有意願外也缺乏能力。你覺得有能力更重要，還是有態度更重要？

　　如果從組織規劃上來講，D 可能用得多一點，先要逼迫他去做。I 可以施加監督，但是不夠強勢，D 就可能非常強勢，直接發號施令。

　　這種辦法也考慮到了一個員工的成熟度，如果這個員工還不太成熟誤把鼓勵當作肯定，從而認為我即使做得很一般，你還是會認可的，那麼鼓勵會產生負面影響。

　　舉個例子。我們公司以前的櫃檯曾經發給我一條簡訊：「老闆，我今天很睏，要請假回去睡一個上午。」如果這個時候我使用 I，我會說：「沒問題，睡飽了再來，但是記得要完成工作。」這樣一來，我給他安全感，但我對他的要求不嚴，可能會因這種低要求而造成員工的低績效，因為我沒有制定標準強迫他達到某個要求。

　　能力不強但意願強的員工，態度通常都非常好。他們會跟你講很多的想法，這個時候他們會呈現 I，對這類員工你要用 C 多一點。

　　面對這種類型的員工，反駁他們的創意容易讓他們受到打擊，但接納他們的創意會對公司造成損失。

這時，我們就要把這種場景轉化為鍛鍊他們的機會。

不要創意，而是要他們的方案，並且需要他們去論證，要有可操作性和檢驗方案的標準。

第一，不要讓他們講創意是什麼，要讓他們講方案是什麼。

第二，論證以下問題：方案能夠順利進行的前提是什麼？應該如何實施？如何檢測可行性？完成之後的檢驗標準是什麼？如何去做相應的報告？對於以上各種論證結果的解決建議是什麼？

做到這些，我們才能有效地協助這類員工成長。他們不一定有能力去實現想法，即使他們有能力去做，我們用這種方法也能更有效地協助他們完成。

不用你教！

能力強但意願不高的員工做事情沒有太大問題，但是在公司已經待了很久，有一定的倦怠感，對工作的熱情不高，有的時候還喜歡發牢騷，常常看別人不順眼。這類員工會呈現 C 多一點，這個時候管理就要以 I 為主。比如，一個主管抓著新來的櫃檯罵：「怎麼這麼蠢，這個軟體學了兩個星期你還不會！」

櫃檯也很委屈，因為有的時候主管並不願意教，卻總是把標準設得很高。

我就很願意用 I 跟這位主管互動。稱兄道弟，閒話家常，並且每次決策之前都會先詢問他的意見。

有位先生走到廚房裡，看太太炒菜，他就對太太說：「親愛的老婆，現在把妳的右手抬起來，拿著菠菜在水裡搖兩下。接下來，親愛的太太，把妳的左手抬起來，拿起油往鍋裡滴兩下。再來是妳的右手……」講到這裡的時候，老婆已經發火了：「你要這樣就進來直接自己炒菜，不然你就不要在這裡吵我。」先生就說：「我既不想炒菜也不想吵妳，我只是想讓妳感受一下我開車妳在旁邊吵我的感受。」

多用溝通來交流感受，也許會比直接說出要求，更讓對方樂於接受。

這就是要用 I 的原因——你是黑的，這一類員工會把你說成灰色的。最好的辦法就是靠近他們，逼得緊一些，不要太介意他們說什麼，但要保證充分交流，保證雙方的資訊一致。

能力強、意願也高的員工往往讓人既愛又恨，這種人能力強，做事又有很強的意願，用得好是左膀右臂，但用得不好他會另起爐灶。對這類人，應該使用 S 當中的高 S 去管理。

低 S 的方法是放縱——反正你的業績不錯，我就不再干涉你的那些細節了。這類人要不是自己獨立做事，要不就是讓其他人不爽，然後覺得你這個老闆有夠無能。

那麼，什麼又是高 S ？高 S 就是以 S 為主，對其他三個特質的要求也都非常高。高 S 管 D，注意兩個原則，就是放風箏的兩個現象。第一，風箏要看得見，換句話說就是讓他養成及時匯報工作的習慣。我直接管理的所有員工每天必須寫工作計畫和總結，我就是用制度讓他們形成自覺。第二，風箏線要在你的手上。這裡面有兩點都很重要，一個叫授權，由小及大，從小的信任開始，在這個過程中增加權力，直到最後每個級別都清晰自己的「權」和「限」。

還有兩樣東西很重要，一個是人，另一個是財。人事跟財務，對一個公司來講，是兩個重要部分。

我們要關注 D 的成長，最大的激勵就是疏通他的職位晉升通道。但是當他晉升，原來的位置就需要一個替補者。替補者和前任 D 之間的交接也需要關注，要讓替補者能更加清晰全面了解前任 D 是怎麼做的。無論誰升上這個位置，你跟他之間的溝通都會變得更加頻繁，而在大家達成共識的情況下，工作會更容易進行。也就是說，我們需要和新上任的替補者明確遊戲規則，不要認為替補者能馬上符合你的方式和節奏。他替補的是職位，和前任 D 交接的是職位，而不是和你的默契。

最後，關於領導者更替的問題，額外補充一點：這一任領導者帶這一團隊能帶出他的風格，可是這個風格是不是下一任領導者需要這個團隊繼續下去的風格？不一定。這涉及團隊的階段性目標。

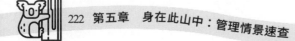

D 型員工	I 型員工
√ 應該做的事：	√ 應該做的事：
1. 清楚的權責有助擴大經營範圍；	1. 告訴 I 員工，還有誰會參與這個計畫以及想達成的願景；
2. 授權是很重要的關鍵因素，因為 D 需要的是權力；	2. 提醒 I 員工，計畫中要考慮哪些人的因素；
3. 接受叛逆，他們需要被尊重；	3. I 主管要用些方法提醒自己，在私下場合去關心與讚美；
4. 偶爾會有言語的衝突，但多數就事論事，切勿因言廢人；	4. 考慮培養 I 員工制訂細緻的實操計畫的可能性。
5. D 員工喜歡創新，可以勝任開創性大、壓力大的工作。	× 切忌做的事：
× 切忌做的事：	1. 告訴 I 員工太多細節，或記錄過多瑣碎的數據；
1. 當眾責罵讓他丟了面子；	2. 讓 I 員工在別人面前被批評；
2. 過度的授權會讓對方濫用權力；	3. 讓 I 員工面對偌大卻空無一人的辦公室；
3. 如果 D 下屬是將領，千萬不要不給對方子彈與糧草；	4. 不讓 I 員工有說話或表達的機會。
4. 別讓 D 員工為一些繁文縟節、制式的規定而阻礙了行動力；	
5. 要有明確的回報。	

C 型員工	S 型員工
√ 應該做的事：	√ 應該做的事：
1. 告訴流程、注意事項、提供數據；	1. S 員工不易當場表達情緒，可能立即應允，但會在瞬間感到壓力；
2. 多用「分析」、「評估」等字眼；	2. 要讓 S 自己下承諾，並給時間；
3. 肯定 C 對事情追根究柢的能力；	3. 在 S 員工有困難時，提供協助；
4. 設立檢查進度的節點，了解 C 工作的進程；	4. 多關心 S 的家人，適時問候。
5. C 員工是很好的諮詢對象，但需要多一點激勵。	× 切忌做的事：
× 切忌做的事：	1. 不信任 S 員工的所作所為；
1. 讓員工不知為何而戰；	2. 沒有預告就直接進行改變；
2. 制度因人而設，造成法令紊亂。	3. 過度的變動讓 S 喪失安全感；
	4. 假日還要加班。

第六章
說到不如做到：
實用工具一覽

大師一席話，
讓小弟我茅塞頓開，
真是相見恨晚……

今天學什麼了？

　　很多人在課堂上被深深觸動，走到路上左右晃動，回到家裡一動不動。知道再多道理，不馬上行動，都對你毫無助益。

　　無論在工作還是生活中，讀懂一個人，要用眼睛去觀察他，要用心去理解他，要用腦子去與他做有效的互動。

　　「知人」包括兩點：對自己的了解和對別人的了解。

　　「善用」包括兩點：把個人放對位置和讓團隊做有效互動。

　　在這一章中，我們重點從知人善用的四個層面，提出一些將 DISC 理論付諸行動的建議與提醒。

對自己的了解（手機說明書的故事）

　　如果僅僅用來打電話，那麼 15,000 元的手機和 5,000 元的手機毫無區別。

　　每次我在課堂上，總能找到 15,000 元的手機和 5,000 元的手機，當請它們各自的主人對照功能時，卻往往並不是 15,000 元手機的主人能夠取得絕對優勢。

　　這和手機無關，而與你是否詳細看過手機的使用說明書有關。不看手機的使用說明書，至少有三種缺點。

（1）需要花很長的時間去摸索功能，即使平穩度過試用期，真正的考驗也可能還沒到來。

　　懷「才」就像懷孕一樣，需要很長的時間才能看出來。但這些時間企業都是要承擔的。

　　我經常聽到人力資源工作者抱怨：「試用期剛過，人事部門來跟我說人不適合，要換人。拜託，炒人成本很高的！」

　　我們常常談論砍掉成本──在這類耗費在了解員工才能的成本上，你又是否留意過呢？

(2) 受限於自己的個人經驗。人與人不同，Android 系統與 iOS 系統就不同，你用的一直都是 Android 系統，現在用 iOS 系統就不一定那麼準確。

　　有個民營老闆因為缺乏管理經驗，企業做大後一片混亂。他果斷以高薪聘請了兩位國營企業退休的高階主管來整頓。大刀闊斧之後，企業蒸蒸日上。我向他賀喜，他卻告訴我，正準備請退這兩位大功臣。難道是他害怕功高蓋主嗎？

　　他哈哈一笑：「企業我牢牢控在手裡，就是孫悟空也翻不出如來佛祖的掌心。」隨即又嘆息：「他們的經驗是幫了我很大

的忙，但他們畢竟年紀大了。年紀大本身不是錯誤，但年紀越大的人越不容易主動更新觀念，很多方面未免落伍了。舉個例子，他們到現在還堅持走書面的審批流程，放著這麼多高效便捷現代化的辦公設備不用，一定要走陳舊的流程，他們不夠開放以後會是一個大阻礙。企業管理落後，現在還看不出來，再過三五年，請退也就難了。我自詡一個企業家，這點眼光還是要有的，階段性用人，也要懂得適時捨棄。」

這件真人真事有點卸磨殺驢式的殘酷，但時時在發生著。

我想想，這個道理我也時時嘮叨：以前成就你的，可能在未來會絆倒你。

人是需要警惕個人經驗的。

（3）可能遺漏掉很重要的，但你已經為之買單卻從未使用的功能。

別說手機了，即便是對於自己的能力，我們也並不能每時每刻都能完整地羅列出來。

有位不識字的家庭「煮」婦聽說社區裡有人在應徵「阿姨」，便去應徵。當應徵人問她會做什麼時，她猜想企業一定是應徵清潔阿姨居多，因此羅列了自己各種清潔技能，卻沒想到對方只是想找個阿姨做一日三餐。這剛好是她的必備技能，但她卻沒有說出來，負責應徵的這個人也沒有多問一句，兩個人就此錯過。

姚明成為籃球巨星，除了他的先天優勢和後天努力之外，還有一個很重要的原因——他出生在一個籃球世家，父母都是籃球運動員，所以他沒有被埋沒在人海中。

「高人」雖然不多，但我剛好碰過一兩個 210 公分以上的，

據說他們因為錯過了早期的培育，於是成為庸眾之一（並不是說他們沒有取得很好的成就，比如其中一位成為了香港教育學院的教授）。隨著年齡的增長，骨質逐漸磨損變脆，身高成為他們的困擾，而絕不是什麼驕傲。

身高是顯而易見的，但還有更多不那麼明顯的特點，及早發現，用好了就是優點，否則可能演變成缺點。

一個偏向 I 的少女，曾經活潑天真，深受身邊人的寵愛。但眼看快三十歲了，還像從前一般不考慮後果地行事，被人無奈地評論說「太天真」，讓我們很難分清楚是讚美還是批評。

一個 C 型人，曾經是天之驕子，學校裡的高材生，企業裡的「老狐狸」。經驗足夠、智慧足夠，但他卻依然認為思考就能戰勝一切，錯過一個個升遷加薪或者創業的機會。在同學聚會中依舊用批判眼光看待老同學，在他譏諷別人的同時，也被別人同情著。

以前那些幫你的，將來可能變成害你的。

因為不清楚自己的優勢和劣勢，你又錯過了多少機會呢？

明明就可以勝任的工作，偏偏沒有自信？

明明就可以避免的陷阱，偏偏又屢屢在同一地方摔跤？

手機需要說明書，人更需要說明書。

與其坐等命中注定的「伯樂」，不如自己主動做一些事情。

對別人的了解

　　我在課堂上，經常問學員：「有多少人願意花 1,500 元來得到自己的使用說明書？願意的請舉手。」

　　舉手的人往往不到 1/3。

　　但是我接下來說：「願意為自己的合夥人、家人、客戶、朋友花 1,500 元，得到他們的使用說明書的，請舉手！」

　　舉手的人數往往能超過 2/3。

　　我經常笑說這就是人性——用自己，防別人。我們總認為自己一定沒有問題，問題都一定在別人身上。所以大部分我們遇到困難的時候，第一反應都是怨天、怨地、怨別人，第二

反應才是做自我檢討，還有一大部分人是根本連自我檢討都不做。所以人有裡外親疏之分，對於那些和自己親近的人，自我意識投射過去，愛屋及烏，愛的是自己，照顧的是那個愛自己的人。

大多數人摔跤的時候，總是從外部找原因，並不願意從自己身上找原因。

順應「想知道別人」這種普遍的需求，新一代的 DISCus 軟體（基於 DISC 理論的行為風格評量軟體，被廣泛應用於企業人才評估中）新增了聯絡人功能，無須本人填寫，只需要你根據自己的觀察填寫，即可得出結果。而這種功能被廣泛地應

用於大客戶管理資料庫的建立和維護。公司不用擔心因為客戶
代表的流失而要重新建立和老客戶之間的情感連接。

研究老張的報告？老張
不是沒做測試嗎？

我偷偷幫他填了一份聯
絡人問卷，逃不了！

哈啾……

把個人放對位置

　　在員工與職位磨合的問題上，我常常用這麼一道 EQ 題來開
始探討。

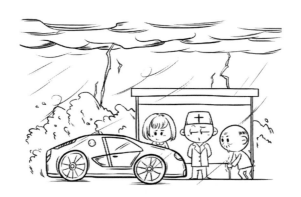

狂風暴雨的晚上，荒郊野嶺的路上，你駕駛著只有一個乘客座位的跑車經過一個小亭子。亭子裡有三個人，這三個人隨時有生命危險。一個是身體虛弱的老人，一個是救過你命的醫生，一個是你的夢中情人，請問你會怎麼做？

　　a. 帶走老人

　　b. 帶走醫生

　　c. 帶走夢中情人

　　d. 待填

　　據說這道題目是很多大型企業的應徵考試題之一，而 d 被稱為標準答案：把車鑰匙交給醫生，讓醫生帶著老人走，自己和夢中情人待在小亭子裡等待天明。

　　請注意，d 可以說是最聰明、最靈活的方法，但卻並不是唯一的正確答案。

我請那些企業老闆舉手選擇希望錄取哪一種員工，發現每一種答案都有人欣賞和接納。要應徵哪種人做員工，主要是看職位本身的需求。

　　選老人的職位需求可能是偏 S 多一點的，人性關懷是他的天性，因此他特別適合去做諸如工會主席這樣的工作。放在人力資源的績效考核職位和裁員職位是不是好的？不好，他可能會按照應該做的去做，但做完之後內心會極其掙扎。他會猶豫的是，對方上有老、下有小，還有個兒子在美國讀書，這一刀下去簡直傷及太多無辜。

　　選醫生的人可能是更客觀理智的，因為醫生救過他，社會價值也最大。這種人去考核績效和裁員減薪的人事部門就比選

老人的這種人適合。他會想，你在企業裡面沒有為企業創造收益，自己的能力也沒有機會允分發揮，所以你要離開企業，這麼對你對企業都好。

　　選夢中情人的人充滿夢想和激情，最適合去「開荒」。對於市場策劃或者一些新市場的開拓、新業務的推動，他都願意獨立負責。你找其他人，他們會跟你談條件：「老闆，我之前那個工作有某某資源，過去有某某待遇，萬一沒成功回來，對我有什麼保障？」而選夢中情人的這種人是不會跟你談這些的。你只要跟他講：「前面有片天，天空上有片雲彩，雲彩上有你的名字，今天你以公司為榮，明天公司以你為榮！」他一點頭一揮手就衝出去了，然後你還要跟他強調這真的是一次千載難逢的機會。這種人會想：「去吧，人生難得幾次機會，但願生活更精彩！」

那麼，選擇把車鑰匙給醫生的人該放在哪個職位？這個職位，應該是需要權衡各種關係，協調各種資源，一定要足夠聰明的人才能勝任。但有的時候，你也要小心一點，假如你把他放在財務考核、審計或出納的職位，就會有危險。有的時候，聰明人在那個職位上，受到的誘惑更大。你跟他說：「小張，你幫我報銷一下這次去上海的費用。」他會說：「老闆，你不用告訴我報銷哪些費用，你只需要告訴我報銷多少錢就好，這方面我比你熟，我幫你列、幫你湊，你只要把發票拿過來，沒有發票也沒關係，我幫你找。」有沒有這種人？不要笑，真的有。他會幫你找、幫你湊，但一不小心他會不會幫自己湊一下？這樣就使公司存在著潛在的風險。

事實上，現在的企業應徵越來越注重員工的適位性，而不再一味追求高能力的人才。舉例，有大企業招工人，他們也測智商。但錄取的都是智商偏低的那一些人──你的腦子太靈活，反而做不好流水線上的機械動作。

柯林斯的《從 A 到 A+》

對企業來說，什麼是對的人？一個人的內在特質，往往比

外在的知識、經驗、技能更重要！

用人是大學問，管理者並不是單純憑感覺和經驗就能做好的。綜上所述，什麼是適合的人才？一方面，要看人才的能力、意願和性格；另一方面，還要看任用人才的職位環境，這可以叫做「適性擇才」，這是在衡量和運用人才的標準上，我所要講的第二點。

有些企業要開拓一個新市場，並不會派出大量的菁英，而會選擇盡量扶持當地的主心骨。很多企業去併購當地的企業，所併購的並不是品牌，也不是看重當地企業有多少資金，而是看重它掌握的管道，和有一批在這個管道裡面能夠創造收益的人才，否則就沒有必要去做這麼大費周章的兼併。

我參與過一個併購案的諮詢，去評估目標企業的價值。在前期的調查當中，這個電商企業的財務狀況很不好。一年投入1.5 億元，做到 20 億元的銷售規模，虧損 8,000 萬元。我們笑說，如果這 1.5 億元投進房地產或者金融，說不定早就翻了好幾倍，這怎麼看都是賠本買賣。

可是最後估值結果出來大跌眼鏡。具體數值我不能透露，反正是帳面上價值的數倍。

為什麼呢？因為這個企業經營虧本並不假，但這個企業在它所在的那個類別裡做到了各大電商管道的第一。這就意味著，他的團隊和管道之間的關係非常穩固，擁有一定的議價權，在搶奪電商資源上具有競爭力。

它值錢，就值錢在它的團隊上。我們去評估時，不是看裡面的人有多高學歷和多高的市場價值，而是評估團隊核心成員所掌握資源的不可替代性。一個人和職位契合度越高，不可替

代性就越高。

　　這個團隊已經成熟，運轉效率很高。每個主要管道根據不同特性，都找到了契合度很高的小組長，這些小組長帶領著自己的小團隊穩健經營。賠錢是由經營策略決定的，管理也存在問題，經營成本過高。但這些都不能掩蓋團隊的價值。找到適合的人、打造穩定團隊是做企業最艱難的一環，也是最有價值的一環。

　　一個人要放在一個適合的位置，才能叫作人才。

　　籃球明星姚明就是一個典型的例子。他的身高就應該是去打籃球。如果姚明不去打籃球，去挖礦如何？挖礦的話，他的首要優勢──「身高」就變成劣勢了，所以姚明不打籃球也應該是去換電燈泡。注意，姚明即使打籃球，也只能打中鋒的位置。為什麼不是控球後衛？恐怕球還沒有到手上就已經被搶斷。所以，可見把一個人放對位置有多麼重要！

　　垃圾放對位置就是資源，不然為什麼會有垃圾回收？反過來，即使是人才，放錯位置也可能會變成庸才。一個人即使才高八斗，如果在具體公司、具體職位上發揮不出作用也很不幸。所以，公司應徵的時候，一定要考慮員工與職位的適

配性。注重對人進行選拔的同時，也要注重對職位的分析。當然，在團隊組建的初期，我們會說，選到好的人，自然會放到好的位置。但發展到一定時期，就要注重兩點兼顧，職位和人都重要。

歸納過很多企業的困惑，我們發現企業用人通常存在三大誤區。

（1）著重面試官感受，忽略職位需求。

身為應徵者，要關注職位的具體需求，不能僅依賴自身感受和喜好。我的經驗是，招募員工的時候一定要拿著職位的具體需求說明去招，否則就會出現問題。

譬如，我碰到一家很大的公司，公司文化中有一條叫「團結」，對於這方面的考核，一個面試通用的問題是：你在學校裡面有沒有參加過社團？在社團裡扮演什麼角色，擔任什麼職能？問這個問題的目的是看這個人的團隊合作精神如何，他進入團隊之後適合做主導型工作、輔助型工作或者是激勵型工作。所以，這種提問設計並沒有錯，因為企業文化中有「團結」。

可是，如果要應徵的這個人是法律和財務雙學士，進入公

司之後用在財務審計職位。那麼，你認為這樣是適合不適合呢？，這個位置最適合那種不太喜歡跟人交往而且刻意跟人保持距離的人。否則，這人一天到晚跟人建立關係，一天到晚去妥協和利用，很容易為公司埋下隱患。所以，在大的公司文化和小的職位之間出現矛盾的時候，你得關注具體的職位需求。

不知道大家身邊有沒有「只會面試的高手」。我就認識一位，這個女孩子相貌平平（對不起，只是想強調和美貌無關），因為高 I 的個性，親和力強又能說會道，特別容易得到面試官的喜歡。不管在哪家公司都能輕易過關斬將，順利入職──而且還都是世界 500 強的公司。可一到職位上工作，就往往力不從心，平均四五個月就得換一份工作。

其實，我真心希望她能碰見一位真正慧眼識珠的面試官，為她找到一個真正適合的職位，安定下來長遠發展。這才是真正的雙贏。

那麼，我們用什麼方式來避免面試官主觀感受造成的誤導呢？一般企業會採用多人多輪面試，有的企業甚至定下「N 人 N 面」的應徵制度。面試的職位越高，我們越是要慎重。

可是面試有成本！最大的成本是面試者的時間，因為他的職位可能涉及更高的職位，那高階主管的時間是不是成本？是高成本！一個值錢的高階主管時薪可能相當於一個普通員工的月薪。這時，如果你有一個更加具體的職位需求，予以重視、明確提出，之後的環節也許就可以更精簡──在時間上或者次數上更精簡，有效節省成本。

同時，對於管人事的人或者「獵頭」（網羅人才的人）而言，還有一個信任成本。

有個現象很有意思，不少獵頭轉投甲方當人事主管之後，都會抱怨公司在浪費他的才能。什麼意思呢？因為進入公司後，他通常都把自己以前累積下來的候選人資源推給公司，以此提升自己的應徵業績。但是公司並不會照單全收，不適合的就會淘汰。這時候，身為推薦人，他會感覺讓候選人白跑一趟，消耗了他的人脈資產。

　　這裡面有乙方轉甲方的心態調整問題，但也反映出信任成本的問題。

　　另一方面，在公司老闆心裡，你總是推薦不可靠的候選人，他的耐心和信任也會被磨蝕。

　　所以我們現在要非常強調，選人才的時候，職位的要求一定要先明確。

　　(2) 著重普遍的標準，忽略企業個性需求。

　　普遍的標準闡明了銷售人員應該怎麼樣，管理者應該怎麼樣，財務人員應該怎麼樣。可是，忽略了一件最重要的事情：A 公司需要的銷售人員跟 B 公司需要的銷售人員一樣嗎？很可能是不一樣的，甚至，同一個公司的同一個職位，三年前和三

年後需要的人也是不一樣的。

所以，如何滿足個性化的需求很重要。有些企業挖一個總監過來，急忙地要把這個總監在之前公司的那套方案拿過來，這個新總監也只是把他以前在其他公司做的東西生搬硬套，而忽略當前企業的個性化需求，很可能會出現水土不服的情況。

現在很多企業去找很多諮詢顧問，但諮詢顧問最大的強項不是去了解你的企業，而是提供專業的工具和結構化的思考。只有當企業內部的人願意把個性化需求做有效的整理和呈現出來的時候，諮詢顧問才能更好地去給予幫助。所以，你必須理解一個概念：最了解你的企業的人是你自己。套用顧問的標準不是最佳方案。「沒關係，你以前幫某某怎麼做的，現在就幫我怎麼做」、「你之前在新加坡航空公司怎麼做的，現在在我們航空公司就怎麼做」，這個時候企業的個性化需求是否被重視了呢？

（3）關注外在條件，忽略內在特質。

外在的標準是什麼呢？學歷有多高，戶口在哪裡，從業經驗有多少——這些東西都是明面上輕易看到的，但不一定能說

明問題。

一個應屆大學畢業生，大學四年讀新聞系，成績非常優秀，但他自己內心想過的是朝九晚五的生活。請問，你適不適合雇用他來做戰地記者？不適合。因為他想過的是朝九晚五的生活，但外在標準上是符合的，因為他專業能力強。他迫於就業壓力，很有可能不會告訴你他喜歡那樣的生活。但是到了企業，好不容易把他培養起來，這時候會出現什麼情況？他羽翼一豐滿，經濟一寬裕，下一步的選擇就是跳槽。對於他來講是跳槽，對於企業來說，培養他有沒有花成本？他走了之後的替代成本也是非常高的。所以，要開始關注一些內在的特質。

另一方面，越到高層，所謂的外在標準反而變得越不重要，很多管理者是跨行業、跨本科、跨規模地去換工作的。關鍵是要看這個人的內在特質。

有個應徵主管跟我吐槽，他的兩個老闆定了兩個截然相反的標準。

大老闆說：「以後招人，一定要本科系、城鎮戶口，本地人最好。」

人事部總監卻說：「要找外地人，外地人更能吃苦耐勞。」

大老闆為什麼要高標準呢？因為他考慮的是為企業長遠發展培養人才，進行儲備。

人事部總監呢，他從服裝行業跳槽過來，本來服裝行業的用人經驗就是要找能吃苦的孩子。再者，他的著眼點是滿足企業目前的用人需求。

我們往深挖一些，其實兩個老闆強調的東西並不矛盾，他們要的是具備一定穩定性，同時比較上進、有事業心的人才。

《從 A 到 A+》的作者柯林斯（Jim Collins）的另一本很有名的書《基業長青》，裡面就特別講到過：找到適合的人上車，把不勝任的人請下車，並且把正確的人放在正確的位置上。請注意，「對」的意思是不是「好」，「對」並不一定代表「好」，是代表適合，他所說的就是把適合的人放在適合的位置上。他還有提到，人不是你最大的資產，適合的人才是你最大的資產。最後，他下了一個總結性的定義，他說：「什麼是對的人呢？一個人內在的特質往往比外在的知識、經驗、技能更重要。」

　　以上，講到企業用人的三大誤區，接下我們要思考如何去解決它們。

　　如何解決三大誤區？第一，我們要問，職位需求是什麼？第二，企業的個性化需求是什麼？第三，如何判斷應徵者的內在特質？有沒有一個方案可以全面解決這些問題呢？目前我們看到的解決方案是，針對具體職位，為職位做具體分析，對應試者就性格部分進行個性化測試。

　　請注意，外在標準也是重要的，只是目前我們更缺乏衡量內在特質的工具。當你的企業有意識地針對具體職位就性格特徵部分做個性化設計的時候，你會忽然發現，上述三個問題並不難解決。

　　一份工作分析表，會直接告訴你每個職位的工作需求，比如人力資源方面的人員，從廣義上講是管理型的，候選人需要什麼，團隊工作需要什麼；比如電腦工程師，需要的是結構化和規範、準確和品質、接受和合作、為他人提供服務……任何職位都可能有獨特的需求。舉例，分析某公司銷售貿易代表：

「這個職位十分需要語言溝通能力，如果要勝任這個職位，那麼這個人在社交上必須非常自信、社交能力要非常強……」這就是個性化設計出來的東西。而在這個設計的基礎上，可以得出此職位所需員工的 DISC 分別是什麼，而且可以直接跟應徵候選人進行配對。接下來，就可以分析每一個人做這個職位的優勢和劣勢，需要提供他什麼培訓。

練習：

1. 列出你身邊三個最重要的職位、它們的要求，它們現任在此職位的優劣勢。

2. 假設你需要一個祕書職位，它的職能是什麼？它要求就任者有什麼樣的內在特質？你心目中最理想的人選是誰？

3. 想想生活中你最喜歡的人，和上面那個祕書職位的理想人選，他們之間的優劣勢相差在哪裡？

讓團隊有效互動

對於一個團隊而言，在組織上會遇到三大問題。

（1）不知道團隊需要什麼樣的領導者去有效帶動，雖然領導者知道存在問題，也很願意做出調整，卻不知從何做起。

電腦啊電腦，你能否告訴我，唐三藏要變成什麼樣才能管住那猴子和豬啊！

三藏，電腦說讓你強勢一點，簡潔一點，最重要是堅持堅持再堅持！

（2）團隊成員發生非利益之爭，把溝通問題惡化為立場問題，彼此沒有建立有效的溝通管道和默契。

電腦啊電腦，那兩動物又打架了，問題到底出在哪裡呢？有沒有好的方法讓他們停下來呢？

（3）不知道整個團隊的現狀和方向，各自做著自己認為是對的事情，扮演自己認為應該扮演的角色，卻沒有全盤的考慮和整體的認知。

電腦啊電腦，告訴我唐三藏那幫人都死哪兒去了，該不會去女兒國的、跑高老莊的、回花果山的各自散了吧？

「綜觀全局」是溝通的前提，成員之間的彼此互動是提高團隊績效的關鍵。我們稍微觀察就能發現一個現象，同一個銷售人員進入公司，放在不同主管手下帶，成長速度和存活機率是不一樣的，這就是互動的結果。若想有效地互動，就得要求我們能夠做到知己、知彼、知全局。今天我們對溝通的前提要求不再是從前的盲人摸象了。

從前是，你只看到大象的耳朵，我只看到鼻子，彼此互通有無，就感到滿意了（這叫做「交換視野」）。但今天的溝通

要求我們都要各自先看到整頭大象（「全像」），但你可以只強調耳朵，我只強調鼻子——從各自的立場出發，是彼此之間的利益、立場、自我、觀點在較量。而如果沒有對於全像的共識，立場之爭就無法達成合理的協商結果。很多企業老闆都在感慨，沒有英雄（人才）無法成事，英雄太多彼此鬧事。這就說明了對於每個人的眼界、理解視域來講，除了看到自己還能看到別人、看到全局是多麼至關重要。

我們以前看到各種理論都會心悅誠服，深以為是，不過苦於無法落實。DISCus 軟體在團隊關係配對方面，提供了多項功能。以下就三點做簡單提醒。

1. 軟體實現團隊描述的功能。軟體全面提供每個人在團隊中扮演的角色，也告知團隊的基本情況，包含團隊的作風、團隊的基本精神、重要的團隊動力、團隊的次要元素。一份報告在手，團隊情況及每人發揮的作用一目了然。

2. 軟體對有領導潛能的候選人做出推薦，對指定的領導者在領導力上的不足做出判斷。其候選人也許並不是現實中的管理職位的擔任者，但是管理者可以適度利用軟體所推薦的候選人，發揮其影響力。

3. 軟體對任何兩個人可以進行兩兩匹配，清晰地呈現出彼此怎麼看待對方。在團隊互動、親友相處甚至夫妻相處中給出提示，可以做到「有則改之，無則加勉」。

唯一我要特別說明的是軟體即使功能再強大，也不能替代人的思考和判斷。另外，軟體的效用和使用者本身的經驗往往需要做很好地結合。

一個人從「知道」到「做到」有三大障礙

這三大障礙是愛老生常談，喜歡進行價值判斷和缺乏跟進系統。

老生常談

嘖，我早就知道了。還用你出書教育我？

傑克・威爾許（Jack Welch）說：你們都知道了，但只有我做到了。

有很多概念，我們可能很早之前就聽聞過，但聽聞過並不代表真的知道怎麼運用。

比如「從對方角度出發」，孔子很早之前就說過「己所不欲，勿施於人」。但認真分析下來，又有一些細微的不同。而又有多少人真的能做到，用對方可以接受的方式去對對方好呢？

價值判斷

你這麼笨，就算我學會了授權，我也不能授給你啊！

翻開一本書，偶然看到一個並不認同的觀點，你是否就會馬上放下這本書呢？

聽一堂課，一坐下來，就覺得那個老師的講課風格不是自己喜歡的，你是否仍然能全身心地投入去傾聽和學習呢？

學到了一個新知識，當你要執行的時候，是否會有很多顧慮跳出來阻撓你呢？

缺乏「跟進系統」

老師怎麼說來著？唉，他沒有教我怎麼做啊……

從課堂上、書本上的概念，回到現實生活中的落實執行，

就像從天上返回人間，從紙上談兵到真刀實槍，需要你紮紮實實地擬定執行方案，並且真的有決心執行下去，最後建立持續的跟進系統。

但是，又有多少人能真的做到呢？尤其是那些需要員工共同參與的調整和轉換工作，又有多少人真的付諸實踐並且得到了結果？

所謂的跟進系統，最好的就是：當下即做對！

	花費時間	學到的知識點	想要做的事
第一次閱讀			
第二次閱讀			
第三次閱讀			

現在正在讀的這本書，是否想過用以上的表格來得到更多，真正做到不僅「知道」，而且「做到」？

關於現代企業管理的四個觀點

前 Google 全球副總裁、創新工場創始人李開復在談及企業管理的時候，提到在第一代管理大師杜拉克（Peter F. Drucker）所說的那些有關決策、組織、評價、獎罰等基本技能之外，認為提升「領導力」還有四個基本的觀點需要掌握。

　　最理想的管理模式就是把老闆一個人的事情轉化為大家的事情。因為只有變成自己的事情，員工才會更主動地去努力獲得自己想要的結果，這麼就不再需要老闆像老媽子一樣跟著員工轉。

　　怎麼才能把老闆的事情轉化為員工自己的事情呢？

　　與員工分享公司的願景，讓他們明白自己與公司有著一致的未來。甚至，讓員工參與對公司未來願景的規劃。

　　參與產生責任感。共同的願景，同時意味著彼此的承諾。這可能遠比一部上班打卡機更能提升員工的全勤率。

　　近一兩年來，人力資源管理領域非常注重「個體」，強調對個體的賦能和啟發。

　　在具體的管理過程中，到底應該怎麼做？我們不妨從 DISC 的角度去思考。

　　我舉個例子拋磚引玉。

　　把組織打造成平臺，讓每個員工成為企業合夥人──這是新論調。但早在十年前我們就是這麼做的。

　　每個員工一進公司，我們就會給他一張紙，請他想像一下：五年以後的今天，你在哪裡，正在做什麼。

S 的員工寫：一大早我醒來，太太正在花園裡澆花。吃過早餐，開車送孩子上學，隨後來到公司，和團隊一起研究新的方案……

　　也有 I 的員工寫：我正準備上臺，臺下有 500 名學員，熱切期待著我的分享。身為一名出色的講師，我的每一次分享都給學員帶來很大的啟發……

　　接下來，我們就請他描繪出達成美好願望的路徑，起步就在我們公司，下一步要怎麼做，他準備怎麼利用公司的資源去發展自我。

　　共享公司的資源，讓每一位員工都能好好利用，這就是我們一開始經營公司就抱有的想法。

　　我很少回公司，每次回去從不問業績，只會問：「你最近有什麼人生規畫？」問得他們都很煩，私下嘀咕說我有一副老人面孔。因為我每問一次，都給人巨大的人生壓力。

　　這一招同樣也適用於所有公司。

　　公司可以提供的資源是什麼？品牌、管道、信譽、老客戶、產品、資金……而只要員工有意願運用起來，就能滾動增益。

　　人和公司都一樣，都應該懂得講：能被你加以利用，是我的榮幸。

　　這個觀點的焦點落在員工的價值觀和公司的價值觀是否一致上。如果一個員工所信奉的、所追求的、所自我設定的價值觀與公司所要的不一致，那就是貌合神離的夥伴，不僅不能推動事情向正確的方向發展，更有可能會扯後腿，傳播負面能量。

　　所謂價值觀，有些像品德考驗。比如「誠信」、「公司利益第一、團隊利益第二、個人利益第三」，比如「永無止境」，這些信念可能是一家公司的精神基礎。一個員工如果個人績效達標，卻在公司環境中散布著相反的論調，造成的損失遠高於他的績效。

　　績效達標，價值觀與公司吻合──提供獎勵和晉升機會；

　　績效沒達標，價值觀與公司不吻合──馬上請他走人；

　　績效沒達標，但與公司的價值觀吻合──給機會，調職位；

　　績效達標，但價值觀與公司不吻合──公司殺手，很多公司正是雇用了這些工作能力出色但品格低下或個人信念與公司背道而馳的人，才走向滅亡的。

什麼是授權，什麼是命令？

授權是交流，命令是說服。

授權是拿別人的智慧來用，命令是把自己的智慧交給別人來用。

命令是在扼殺員工的智慧。固然很多老闆認為只需要員工的雙手，而不需要員工的腦袋，但別忘記應徵市場同樣存在競爭，付出相當代價聘請回來的員工，卻不能物盡其用，估量起來是經營成本的浪費。這就好像用 15,000 元買回來的手機，卻只是用來接電話。

另一方面，這意味著團隊的高度取決於老闆的高度，公司處事的角度取決於老闆的角度。一旦老闆自己應接不暇，便百事停頓。

這一點和第一點遙相呼應。授權是賦能的一種形式，我們希望員工能利用公司資源，但同時也需要有監督機制。

有個公司在發展大爆發時期，總裁授權很徹底，基本所有高管都放給人力資源總監去應徵，有的連面試都省下。他坦誠道：「像財務總監這種職位，我既不懂，也不需要這個人合眼緣。不合眼緣更好，以後工作起來更客觀。」果然人才到位很

快，公司走得又快又穩，但他有沒有留一手呢？有！

　　人力資源總監下面的人事經理就是這位老闆的眼睛。後來正是這位人事經理發現了人力資源總監為了讓自己人進公司偽造簡歷、哄抬薪資的行為，及時報告公司重新做資格審查。

　　不徹底的授權是隔靴搔癢，不監督的授權則是自毀長城。

　　授權的另一面，是建立完善的監督機制，形成確定的遊戲規則，讓員工的智慧在你的掌握中閃耀光芒。

　　因此，學會信任與授權，並且建立完善的監督機制，充分調動員工的智慧和力量，遠比一呼百應的權威來得重要。

　　每一個企業的策略都要有人去執行，並且在執行過程中，不斷修正。

　　從地球飛向月亮的火箭，有97%的時間都在修正著方向。

　　因此，那些執行和修正策略的人的「對」與「錯」，遠比策略本身重要。

　　一個好的決策管理者，與其閉門造車，不如多花一些時間了解和培養那些真正的人才，讓公司的企業策略能更有效地執行和變得完善。

綜上所述，有四個基本觀點：願景比管控重要，信念比指標重要，授權比命令重要，人才比策略重要。

總而言之，越來越多具有實戰經驗的專業經理人在他們漫長的職業經歷中摸索出一個道理——管理是涵蓋「人」和「事」兩方面的。

傳統管理學談論的是事情層面的技巧和方法，但卻極少考慮從人的層面去研究。在越來越多元化的社會中，人的個性已經跨越工業時代的「螞蟻化」，而越來越突顯出潛在的生產力。

一個董明珠可以值十億，遠超很多實業公司的資產總值。

但另一方面，我們也必須承認人是最複雜的變數。在每一個普遍的法則之下，總有無數的具體情況需要具體分析。

我們也需要慶幸這種複雜性，讓人類暫時遠離機器人的威脅。

在本書的最後，讓我們再想想這九個問題：

- 我們需要一成不變還是不斷突破？
- 我們經營企業要靠個人還是「抱團」打天下？
- 我們追求的是短期成功還是持續成長？
- 我們應該不斷認識新人還是持續加深對舊識的了解？
- 我們是要獨善其身，孤芳自賞還是發揮影響，兼濟天下？
- 我們應該依靠外力還是自我求進？
- 我們是要自我摸索還是需要系統和平臺？
- 我們是要看別人的傳奇還是寫自己的故事？
- 我們希望只學習知識還是希望真正得到結果？

官網

國家圖書館出版品預行編目資料

DISC 性格交際學：你的個性是無尾熊、孔雀、貓頭鷹，還是老虎？順應人設、發揮才能，成為無往不利的社交之王！ / 李海峰，彭潔 著. -- 第一版. -- 臺北市：崧燁文化事業有限公司，2022.10
面；　公分
POD 版
ISBN 978-626-332-707-8(平裝)
1.CST: 類型心理學 2.CST: 人格特質 3.CST: 人際關係
173.7　　111013618

DISC 性格交際學：你的個性是無尾熊、孔雀、貓頭鷹，還是老虎？順應人設、發揮才能，成為無往不利的社交之王！

臉書

作　　者：李海峰，彭潔
封面設計：康學恩
發 行 人：黃振庭
出 版 者：崧燁文化事業有限公司
發 行 者：崧燁文化事業有限公司
E-mail：sonbookservice@gmail.com
粉 絲 頁：https://www.facebook.com/sonbookss/
網　　址：https://sonbook.net/
地　　址：台北市中正區重慶南路一段六十一號八樓 815 室
Rm. 815, 8F., No.61, Sec. 1, Chongqing S. Rd., Zhongzheng Dist., Taipei City 100, Taiwan
電　　話：(02)2370-3310　　傳　　真：(02) 2388-1990
印　　刷：京峯彩色印刷有限公司（京峰數位）
律師顧問：廣華律師事務所 張珮琦律師

定　　價：375 元
發行日期：2022 年 10 月第一版
◎本書以 POD 印製